MANIE[RE]
GRAVER A L'EAU FORTE
en Cuiure
PAR A BOSSE

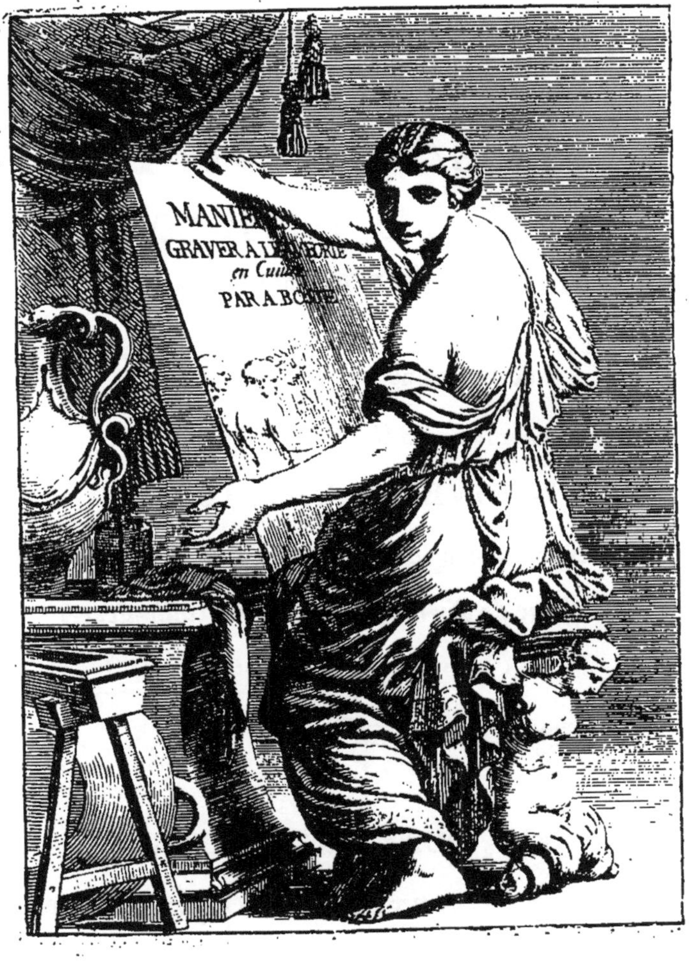

DE LA MANIERE
DE GRAVER
A L'EAU FORTE
ET AU BURIN.

ET DE LA GRAVÛRE EN MANIERE NOÏRE.

Avec la façon de conſtruire les Preſſes modernes,
& d'imprimer en Taille-douce.

Par *Abraham* BOSSE, *Graveur du Roy.*

NOUVELLE EDITION

Revûe, corrigée & augmentée du double;

Et enrichie de dix-neuf Planches en Taille-douce.

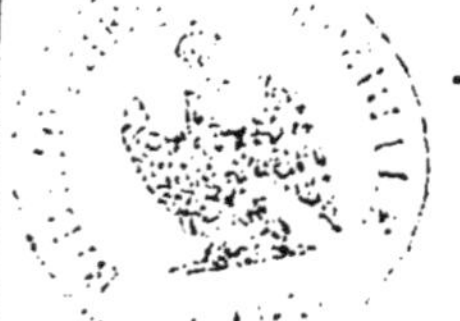  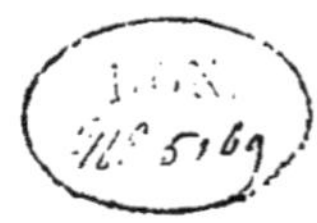

A PARIS, QUAY DES AUGUSTINS;

Chez CHARLES-ANTOINE JOMBERT, Libraire
de l'Artillerie & du Génie, au coin de la ruë Gille-
Cœur, à l'Image Notre-Dame.

M. DCC. XLV.

Avec Approbation & Privilege du Roy.

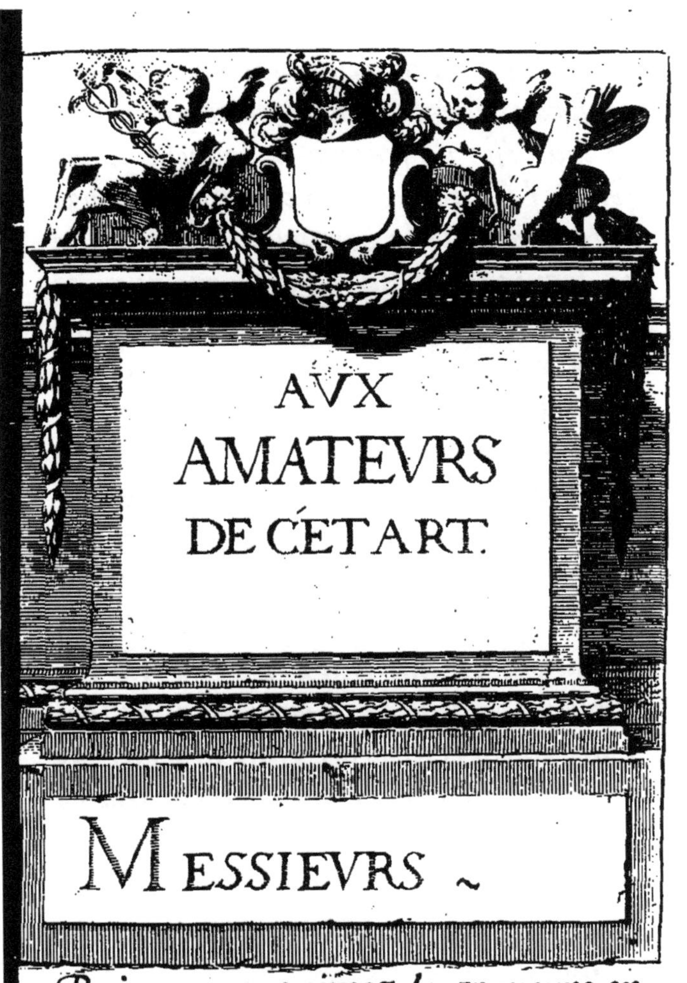

Puis que vous aimez la graueure en
Taille Douce, Que celle à l'eau Forte

ſe pratique en diverſes manieres, & que
pluſieurs d'entre vous témoignent un
grand déſir de ſçavoir de laquelle je me
ſers : j'ai penſé qu'il ne vous ſeroit pas
déſagréable de la voir publiée avec toute
la franchiſe & la naïveté qui m'a été
poſſible, afin que ceux qui voudront commencer à ſe donner cette ſorte d'occupa-
tion ou divertiſſement, y puiſſent trouver
d'eux-mêmes quelque ſorte d'introduction
à l'Art, & pour inviter ceux qui y excellent à nous communiquer de même ce qui
en eſt venu à leur connoiſſance. Je puis bien
aſſûrer qu'en ceci je n'ai point eu d'autres
intentions & que je n'ai rien du tout ré-
ſervé ni déguiſé de ce que j'en ai pû ſçavoir juſqu'à cette heure ; ſi je viens à bout
de réuſſir au gré & an contentement de
quelqu'un, j'en ſerai bien ſatisfait : ſinon,
je ne laiſſerai pas d'avoir ſuivi les ſenti-
mens qui me feront dire toute ma vie, que
je ſuis,

MESSIEURS,

Votre très-humble & très-
obéſſant ſerviteur,
ABR. BOSSE.

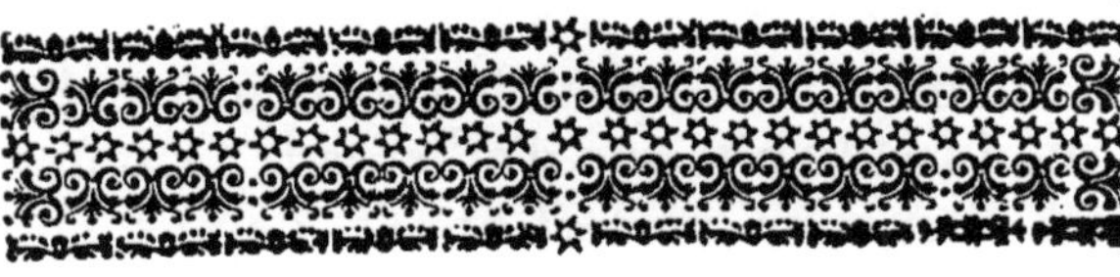

AVERTISSEMENT

Sur cette nouvelle Edition.

IL eſt inutile de faire l'éloge de ce petit Ouvrage ; l'eſtime générale qu'il s'eſt acquis parmi les gens d'Art & l'empreſſement avec lequel il eſt encore recherché aujourd'hui, quoiqu'il y ait cent ans qu'il eſt écrit, ſuffiſent pour en faire ſentir toute l'utilité. D'ailleurs c'eſt l'unique Traité qui ait été compoſé ſur *la Gravûre en Taille-douce*, & malgré le petit nombre de perſonnes qu'il ſemble que cette matiere intéreſſe, il eſt devenu fort rare, de ſorte que l'on a crû rendre un vrai ſervice aux Artiſtes & aux Amateurs de ce bel Art, en leur procurant encore une nouvelle Edition de ce Livre, malgré les deux Editions qui en ont déja été faites.

Cependant comme la façon de graver d'aujourd'hui eſt tout-à-fait différente de celle du tems de M. Boſſe, par rapport au vernis mol dont on ſe ſert à préſent au lieu du vernis dur qu'il employoit, & par rapport à l'eau Forte de départ avec laquelle

on fait mordre les planches au lieu de celle
dont il se servoit ; que d'ailleurs la Gravûre
s'est beaucoup perfectionnée depuis cet
Auteur, (comme on le verra dans la Préface de cette nouvelle Edition) on a pensé
qu'en redonnant ce petit Livre au Public,
il falloit s'étendre autant sur la maniere de
graver au vernis mol, que M. Bosse avoit
fait pour le vernis dur en usage de son tems:
on n'a rien voulu retrancher de tout ce
qu'il avoit écrit là-dessus, mais on a eu
soin d'ajoûter des remarques aux endroits
où l'on a crû devoir être d'un autre sentiment que lui (comme on a fait dans la
premiere partie de cet Ouvrage) & l'on a
enrichi cette Edition de tout ce qu'on pouvoit dire de plus interressant & de plus in-
structif sur le bon goût de la Gravûre, sur
la façon d'arranger les Tailles suivant les
différens sujets que l'on a à traiter, & sur
la maniere de préparer l'ouvrage entier pour
le mettre en état d'être retouché plus aisément avec le Burin.

On s'est étendu ensuite sur *la Gravûre
au Burin*, dont M. Bosse avoit négligé de
parler la regardant comme étrangere à son
sujet principal. La raison de cette omission
de sa part, vient de ce qu'il avoit le talent
de préparer si bien les planches, & de les
avancer à l'eau Forte de façon qu'elle n'a-

voient pas befoin d'être retouchées au Burin. Le vernis dur dont il faifoit ufage, lui
donnoit beaucoup de facilité pour y réuffir,
par fa fermeté qui permettoit de rentrer les
tailles à plufieurs fois & de les élargir avec
l'échoppe tellement que l'ouvrage paroif-
foit même fait au Burin, ce qu'on ne pourroit imiter avec le vernis mol. C'eft pourquoi il eft néceffaire qu'un Graveur à l'eau
Forte fache manier le Burin, pour pouvoir
s'en fervir dans l'occafion, quand il y a
quelque chofe de manqué à l'eau Forte,
ou bien quand il veut donner à fon ouvrage un air de propreté. On efpere que le petit Traité que l'on en donne ici fuffira pour
le mettre au fait.

La Gravûre en maniere noire pouvant être
regardée en quelque façon comme une
production de ce fiécle, & une invention
nouvelle par les progrès qu'elle a faite depuis une cinquantaine d'années, doit trouver ici fa place. Elle eft fi différente des
autres manieres de graver par la façon particuliere de préparer le cuivre avant de graver, & de former les objets & les chofes
qu'on veut repréfenter, qu'elle tient plus
du Peintre que du Graveur. Mais ce qui
rend la maniere noire plus recommanda-
ble, c'eft l'invention de graver le même
fujet différemment fur plufieurs planches,

que l'on imprime l'une après l'autre fur le même papier, chacune avec fa couleur différente, ce qu'on appelle *impreſſion en trois couleurs*, à caufe des trois couleuts primitives dont on fe fert qui font le bleu, le rouge & le jaune. Il a paru il y a quelques années des portraits en grand travaillés de cette maniere, qui paroiſſent faits avec le pinceau, & qu'on prendroit plûtôt pour un Tableau à l'huile que pour une Eftampe gravée & imprimée en Taille-douce; leur fingularité les fera rechercher un jour des Curieux & des Connoiſſeurs. Cependant cette belle découverte eft fi négligée, que depuis la mort de M. le Blon, Anglois, qui paſſe pour en être l'Inventeur, on n'a rien vû que de très-médiocre dans ce genre, de forte qu'on pourroit dire que cet Art eft comme enféveli avec fon Auteur. On donne dans cet Ouvrage la maniere de préparer chaque planche fuivant le fujet que l'on veut faire, dans l'efpérance que cela excitera l'émulation des gens d'Art, ou du moins pour faire paſſer cette invention à la poftérité.

L'*Art d'imprimer en Taille - douce* a tant de rapport & de liaifon avec la Gravûre qu'il en eft comme inféparable, l'un étant abfolument inutile fans l'autre; auſſi M. Boſſe s'eft-il étendu beaucoup fur cette ma-

tiere. Mais comme la conſtruction des Preſſes & des autres uſtenciles ſervant à l'Impreſſion a changé depuis M. Boſſe, on s'eſt
trouvé dans la néceſſité de ſupprimer toutes les Planches qu'il avoit données à ce
ſujet dans les Editions précédentes, & d'en
changer le diſcours pour mettre en place
de nouveaux deſſeins de Preſſes conformes
à la maniere dont on les conſtruit à préſent,
qu'on a détaillés autant qu'il a été néceſſaire pour en faire voir les proportions. Voilà
en général tout ce qui eſt contenu dans ce
Livre, qu'on a diviſé en quatre parties qui
ſont autant de Traités particuliers.

La premiere Partie traite de la Gravûre
au vernis dur, comme elle ſe pratiquoit du
tems de M. Boſſe, & tel qu'il l'a donnée,
à quelques remarques près, qu'on a inſeré
(comme on vient de le dire) dans pluſieurs endroits de cette partie, pour les
éclaircir ou les réfuter.

On donne dans *la ſeconde Partie* la maniere de Graver au vernis mol : cette partie eſt preſqu'entierement neuve, n'y ayant
pas quatre pages de l'ancienne Edition. On
a pris occaſion d'y inſérer tout ce qui avoit
rapport au bon goût de la Gravûre, &
l'on y donne des régles & des principes
pour l'arrangement & la conduite des Tailles, pour ſervir aux Commençans & aux

perſonnes qui voudront s'inſtruire dans ce bel Art.

La Gravûre au Burin fait l'objet de *la troiſiéme Partie* : comme M. Boſſe n'avoit preſque rien dit là-deſſus , de façon que cela ſembloit manquer dans les autres Editions , on a pris ce qu'on en donne ici dans un Auteur contemporain de M. Boſſe , dont les Ouvrages ſont fort eſtimés & qui en donne de très-bons préceptes. On a rapporté à cette partie *l'Art de Graver en maniere noire* dont perſonne que l'on ſache n'avoit encore traité ; on en trouvera ici les régles principales expliquées aſſez pour en donner l'intelligence aux Artiſtes , & la façon de préparer le cuivre , qui eſt ce qu'il y a de plus pénible & de plus eſſentiel.

La quatriéme Partie explique la conſtruction des Preſſes & des autres uſtenciles néceſſaires à un Imprimeur , avec la maniere de s'en ſervir pour bien imprimer en Taille-douce. Cette partie eſt à peu près telle que M. Boſſe l'avoit compoſée , exceptés les changemens que l'on a été obligé de faire aux deſſeins des Preſſes de M. Boſſe , & au diſcours qui y étoit relatif.

Cet Ouvrage eſt terminé par une ample Table des Matieres rangée par ordre alphabétique, qui lie ces quatre parties enfemble, & qui fert à rappeller au Lecteur les chofes les plus effentielles de ce Traité, & les diverfes réflexions ou préceptes qu'on a eu occafion de placer dans plufieurs endroits de ce Livre.

On jugera aifément, par le détail qu'on vient de faire, de l'avantage que cette nouvelle édition a fur les précédentes, & des augmentations confidérables qu'on y a faites, puifqu'au lieu de cinq feuilles d'impreffion qui compofoient l'ancienne édition celle-ci fe trouve en avoir plus de douze, fans compter dix-neuf planches, dont il y en a fix ou fept de neuves, de façon que ce traité pourroit paffer pour un ouvrage nouveau, tant il eft différent de celui de M. Boffe.

Ces augmentations feront d'autant mieux reçûës des gens d'Art, qu'elles font très-inftructives, étant compofées par un fort habile homme dans cette profeffion, & auffi profond dans la théorie du Deffein, que fçavant dans la pratique de la Gravûre. Enfin le Libraire n'a épargné ni fes foins ni la dépenfe pour que l'exécution de cet Ouvrage fut digne de la curiofité du Public, & de la réputation de fon Auteur.

AVANT-PROPOS

Du Sieur Bosse, fervant de Préface à l'ancienne Edition.

Dans le deffein que j'ai de traiter ici de la maniere de Graver en Taille - douce avec l'eau Forte pour en tirer après des impreffions, je ne m'arréterai point à parler de l'Art de la Gravûre en général ; à vous dire qu'il a plufieurs efpeces, qu'on grave en pierre, en verre, en bois, en métaux, en creux, autrement en fonds, en relief, ou épargne ; & en autres matieres & manieres ; ni qu'il eft des plus anciens, puifque Moyfe en a écrit ainfi que d'une chofe, laquelle étoit de de fon tems fort en ufage. Mais pour la Gravûre en Taille-douce au Burin ou à l'eau Forte, ou plûtôt quant à la pratique d'imprimer à l'encre ou autre liqueur des planches gravées en Taille-douce, il n'y a point d'affurance qu'elle ait dévancé l'Imprimerie des Lettres, puifqu'il n'en paroît aucun refle, comme on voit des autres fortes de Gravûre, de l'enluminûre, & de l'Ecriture à la main.

Pour donc en demeurer à la Gravûre en Taille-douce, n y grave fur des planches comme d'airain ou de cuivre, de léton, de fer & autres métaux, mais plus communément de cuivre rouge, autrement rofette ou airain, & l'on y grave en deu:

façons, l'une tout purement au seul Burin, & l'autre par le moyen encore de l'eau Forte ; il semble que celle au Burin soit la plus ancienne, & qu'elle ait donné sujet d'inventer celle à l'eau Forte pour essayer à la contrefaire : & à dire vrai on s'y est pris d'une telle sorte, & l'on est venu si avant à celle de l'eau Forte, qu'il y a telles Estampes de cette maniere où l'on a de la peine à connoître & à s'assurer qu'elles ne soient pas au Burin, du moins eu beaucoup de leurs parties ; ce qui m'a fait conjecturer que les Arts n'ont pas été mis tout d'un coup à la perfection où la plûpart d'eux se trouve à présent ; & que de ceux qui s'y sont adonnés, toûjours quelqu'un y a contribué de tems en tems ; ainsi l'on peut dire que nous en avons obligation les uns aux autres : & pour moi j'avoue que je me sens extrêmement obligé à plusieurs de ceux qui ont travaillé à perfectionner la Gravûre en Taille-douce à l'eau Forte, parce que j'ai beaucoup appris de cet Art en voyant leurs ouvrages, surtout de ceux que je nommerai ci-après.

La différence d'entre les manieres de graver au Burin ou à l'eau Forte est qu'avec le Burin on tranche & emporte comme un coupeau la piece du trait à mesure qu'il le grave, & qu'à l'eau Forte on emporte premierement avec une pointe un vernis dont on a couvert la planche, & par fois un peu du cuivre avec, puis l'eau Forte acheve de dissoudre ou manger le reste.

*Mais pour ce qui eſt d'imprimer après les figu-
res , la maniere de l'une eſt la même que de l'autre,
& ne s'y trouve différence quelconque.*

*Le premier d'entre ceux à qui j'ai l'obligation eſt
Simon Friſius Hollandois , lequel à mon avis doit
avoir une grande gloire en cet Art , d'autant qu'il
a manié la pointe avec une grande liberté , & en
ſes hachûres il a fort imité la netteté & fermeté du
Burin , ce qui ſe peut voir en pluſieurs de ſes ouvrages , j'entens ſeulement pour la netteté des traits
à l'eau Forte , laiſſant les inventions & le deſſein
à part , mon intention n'étant pas d'en traiter. Ledit Friſius ſe ſervoit du vernis mol & de l'eau Forte dont les Affineurs ſe ſervent à départir les métaux.*

Après lui nous avons Matthieu Merian *Suiſſe ,
lequel a ſelon mon ſens fait des ouvrages à l'eau
Forte auſſi nets & également travaillés que l'on
puiſſe faire ; & l'on pourroit dire que s'il eût fait
en ſorte que la partie de ſes hachûres qui approche
le plus de l'illuminé ou du jour eût été plus déliée
& perduë , il eût été difficile de faire mieux &
plus net , mais ce que l'on trouve à déſirer en ſon
ouvrage eſt que les ſorties de ſes hachûres finiſſent
fort à coup , qui fait connoître aux clairs-voyans
que c'eſt à l'eau Forte.*

*Il s'eſt ſervi auſſi du vernis mol & de la même
eau forte de départ.*

Enſuite eſt venu Jacques Callot *Lorrain, lequel*

a extrêmement perfectionné cet Art , & de telle
sorte qu'on peut dire qu'il l'a mis au plus haut point
qu'on le puisse faire aller principalement pour les
ouvrages en petit , quoiqu'il en ait fait quelques-uns
en grand autant hardiment gravés qu'il se puisse faire , & n'eût été que son génie l'a porté aux petites
figures , il eût fait sans doute à l'eau Forte en grand
tout ce qui s'y peut faire à l'imitation du Burin ,
comme cela se peut voir en plusieurs de ses ouvrages , & principalement en quelques portraits qu'il
a faits à Florence , ausquels je ne vois encore rien
de pareil.

Il s'est servi du vernis dur & de la même eau
forte dont je traite ci-après , & de laquelle je me
sers.

Pour moi , j'avouë que la plus grande difficulté
que j'ai rencontrée en la Gravûre à l'eau Forte , est
d'y faire des hachûres tournantes , grandes , grosses & déliées au besoin comme le Burin les fait ,
& dont les planches puissent durer long-tems à l'impression.

Et il me semble que la principale intention que peuvent avoir ceux qui gravent ou veulent graver à
l'eau Forte , est de faire que leur ouvrage paroisse
comme s'il étoit gravé au Burin ; & pour ce faire
j'estime qu'il se faut proposer à imiter la netteté &
tendresse des ouvrages de quelques-uns de ces excellens Ouvriers du Burin, comme des Sadelers ,
Vilamene , Suannebourg , & quantité d'autres

dont j'eſtime extrêmement les beaux traits : car d'i-
miter un Graveur dont la gravûre au Burin ne pa-
roît que comme à l'eau Forte, je n'y vois pas gran-
de apparence.

Or encore que je ne faſſe point mention de plu-
ſieurs autres, comme de Marc Antoine, Corneille
Cort, Auguſtin Carache, *ce n'eſt pas que je ne les*
tiennent excellens Graveurs & davantage les plus
ſçavans qui ayent été dans le deſſein. Mais comme
j'ai dit ci-devant, je n'ai autre intention que de
propoſer à celui qui veut graver à l'eau Forte un
modele pour y faire des hachûres ou traits bien nets
& bien fermes, & quoique Cort & Carrache *ayent*
gravé net, il me ſemble que c'eſt toûjours un peu
moins que ceux que j'ai nommés ci-devant.

Ce n'eſt pas auſſi que je n'eſtime les ouvrages à
l'eau Forte, qui n'ont pas cette netteté ; au contraire
pour beaucoup de raiſons je priſe grandement une
quantité de belles pieces déja faites & qui ſe font
encore tous les jours à l'eau Forte croquée : mais
tous avoüeront avec moi, que c'eſt plûtôt l'inven-
vention, les beaux contours, & les touches de ceux
qui les ont faites qui les font eſtimer, que la netteté
de la Gravûre, & je crois que ſi ceux qui les ont
gravées avoient acquis une plus grande pratique
dans l'Art, ils s'en ſeroient ſervis.

Et quant à moi je ſouhaiterois que tous les ex-
cellens Peintres & Deſſinateurs ſe vouluſſent adon-
ner à cette ſorte de Gravûre, d'autant que par ce

moyen

moyen nous aurions la communication de plusieurs
excellentes pieces dont nous demeurons privés ; &
pour ceux qui font touchés de la netteté , je pense
que la plûpart avoüeront que rien ne les en a tant
détourné que la difficulté qu'ils ont rencontree à
y réussir d'abord , & que leur esprit étant d'ailleurs
occupé à leurs autres principales productions ils
n'ont pas eu le tems de s'attacher à un Art qui demande une si longue pratique , non-seulement pour
l'arrangement égal des hachûres & la grande netteté qu'il faut avoir , mais encore pour eviter quantité d'accidens qui arrivent à la maniere de faire
le vernis, de l'appliquer sur la planche, de le conferver en travaillant , y mettre l'eau Forte , & autres
particularités.

Or m'étant étudié de mon pouvoir à combattre
ces difficultés , dont personne que je sache n'a traité
par écrit public jusqu'à cette heure , j'ai pense que
je ne ferois pas une chose desagréable à plusieurs de
publier la maniere dont je me fers , & telle que j'ai
pû jusques à present la rencontrer , où je ne suis pas
arrivé sans beaucoup de peine , d'autant que ce n'a
été que par une soigneuse comparaison des ouvrages
ou Estampes que plusieurs ont faites par le moyen
de cet Art tant bonnes que mauvaises , dont les
bonnes m'ont fait essayer d'aller plus avant , & les
mauvaises m'ont donné la connoissance de plusieurs
imperfections & accidens que j'ai tâché d'eviter ;
& d'autant que j'ai comme borné l'eau Forte à ne

pouvoir jamais furmonter la netteté & fermeté d'un beau Burin, cela n'empêchera pas que ceux qui pourront aller au-delà ne le faſſent, auquel cas ils ne feront pas peu; & pour ce qui eſt de moi j'eſpere que ma franchiſe obligera quelqu'un à m'enſeigner davantage, à qui je ſerai extrêmement obligé.

Il me ſuffira donc pour ma ſatisfaction que ce petit ouvrage ſerve aux honnêtes gens curieux de pratiquer cet Art, comme de mémorial ou de répétitoire pour y chercher aux occaſions ce qui ſeroit échappé de leur mémoire.

Il peut être que pluſieurs qui viennent à s'adonner à cet Art, ont plûtôt affection à une maniere de graver promptement, qu'à une qui demande une ſi grande égalité & netteté de hachûres, & laquelle par conſequent ne ſçauroit être ni ſi prompte ni ſi aiſée : pour ceux-là, ce que je dirai ne les empêchera pas de ſuivre celle qu'ils voudront, ou finie ou croquée; & toûjours il eſt beſoin en l'une & en l'autre que le cuivre ſur quoi l'on grave ſoit bon & bien poli: & auſſi que le vernis ſoit bon & bien appliqué ſur la planche, & que l'eau Forte & d'autres choſes encore en ſoient choiſies & recherchées un peu ſoigneuſement : que ſi chacun ne ſe veut aſſujétir à tout ce que je preſcris dans ce Traité, j'aurai toûjours ſatisfait à mon intention, qui eſt de communiquer au Public la maniere dont je grave plus ordinairement, & s'il y a quelqu'un à qui elle vienne à ſervir, je ſerai très-aiſe de ſon contentement en cela & en toute autre choſe.

PRÉFACE
DE L'EDITEUR.

IL paroît par le difcours précédent que le fieur *Boſſe* faifoit confifter la plus grande difficulté & le principal mérite de la Gravûre à l'Eau Forte dans l'exacte imitation de celle au Burin : il a parfaitement réuſſi dans ce qu'il s'eſt propoſé pour but , & ſes ouvrages quoique très-avancés à l'Eau Forte ont néanmoins toute la netteté de ceux qui ſont purement au Burin , & il eſt vrai-ſemblable que la fermeté du vernis dur dont il faifoit uſage y a beaucoup contribué. Cependant on a abandonné non-ſeulement le vernis dur dont preſque tous les Graveurs de ſon tems ſe ſervoient, mais même cette propreté dont il faifoit tant de cas , & que l'on évite en quelque façon préſentement , parce qu'elle conduit à une roideur dans les tailles & une froideur de travail qui n'eſt plus du goût d'aujourd'hui.

Ce changement de goût (ſi toutefois l'on doit juger du ſentiment des Graveurs du tems de Boſſe par le ſien) eſt fondé ſur l'expérience & ſur l'admimiration que l'on a conçû pour les belles choſes qui ont paru depuis M. Boſſe, & qu'il n'a pû voir parce qu'elles n'ont été faites que long-tems après qu'il eût publié cet Ouvrage. * L'on ne voit point en

* La premiere Edition de ce Traité de la Gravûre à

en effet que M. *Gerard Audran* qui peut à jufte titre
paffer pour le plus excellent Graveur d'Hiftoire qui
ait jamais parû, ait recherché cette extrême propreté
ni ce fervile arrangement de tailles qui eft effentiel
à la Gravûre au Burin. Au contraire par un mêlange de hachûres libres & de points mis en apparence
fans ordre, mais avec un goût inimitable, il a laiffé
à la poftérité des exemples admirables du véritable
caractere dans lequel la Gravûre d'Hiftoire doit
être traitée. Ses ouvrages malgré la groffiereté du
travail qui paroît dans quelqu'uns & qui peut dé-
plaire aux ignorans, font l'admiration des Connoiffeurs & des perfonnes de bon goût.

Eftienne La Belle, qu'on peut regarder comme
un modéle de perfection pour la Gravûre en petit,
infiniment préférable à *Callot* pour la gentilleffe de
fon travail, en un mot qui eft dans fon genre ce que
Gerard Audran eft dans le grand, ne s'eft pas non
plus piqué de cette roideur & de cet arrangement
de belles tailles que M. Boffe recommande avec
tant de foin. Au contraire fa maniere eft un com-
pofé de petites tailles courtes & mêlées les unes
avec les autres avec un goût & un efprit inexpri-
mable, & il eft étonnant que fe fervant du vernis
dur, il ait pû graver d'une façon fi fouple, & éviter
l'infléxibilité que l'on aperçoit dans les ouvrages de
fes prédéceffeurs.

l'eau Forte, fût imprimé à Paris en 1643. La feconde Edition fût faite après la mort de l'Auteur en 1701. fans aucun changement ni augmentation confidérable.

Ce n'eſt pas que la propreté & le bel ordre des hachûres ne faſſe un merveilleux effet quand elle eſt employée à propos & mêlée avec d'autres travaux plus libres ſelon le goût de l'ouvrage & le caractere des choſes qu'on veut repréſenter : c'eſt même la perfection de la Gravûre, & cette oppoſition de différens travaux ne ſert qu'à les faire valoir davantage. Il n'y a point de plus beaux exemples de l'heureux ſuccès de la propreté du Burin dans les ouvrages commencés à l'eau Forte, que les morceaux admirables gravés par *Corneille Viſcher*, où l'on voit en même tems ce que le plus beau Burin a de flateur, joint à l'eau Forte la plus pittoreſque.

On peut donc dire que ſi le Burin termine & perfectionne l'eau forte, il en reçoit auſſi beaucoup de mérite & de goût ; elle lui donne une ame qu'il n'avoit point ou du moins qu'il n'auroit que très-difficilement ſans elle : elle lui deſſine ſes contours avec ſûreté & eſprit, elle lui ébauche ſes ombres avec un goût méplat & varié ſuivant les divers caracteres des ſujets, comme terrains, pierres, payſages, ou étoffes de différente épaiſſeur, ce que le Burin ne fait qu'avec une égalité ſoit de ton, ſoit de couleur qui ne ſatisfait pas ſi bien : enfin elle lui prépare dans les chairs des points d'une forme différente de ceux du Burin qui ſont longs & de ceux de la pointe ſéche qui ſont trop exactement ronds; ceux que produit l'eau forte ſont d'un rond plus irrégulier & d'un noir différent, & du mélange des uns & des autres, il réfulte un empâtement plein de goût; & il eſt certain qu'avant l'invention de l'eau forte il manquoit quelque choſe à la Gravûre, ſurtout pour bien rendre les tableaux d'hiſtoire lorſ-qu'ils ſont peints avec facilité & hardieſſe.

Les Portraits demandent à être faits au Burin & l'on voit peu d'exemples que ceux que l'on a avan-cés à l'au forte ayent bien réuſſi. L'expérience fait voir que quoiqu'il y en ait quelqu'uns qui ſoient eſtimés comme ceux de *Morin*, *Suyderhoof* & au-tres, néanmoins ceux de *Nanteuil*, *Edelinck*, *Drevet*, ſont les chefs-d'œuvre les plus eſtimés en ce genre; la raiſon de cette préférence vient de la façon différente dont on peint l'hiſtoire & le por-trait. Dans l'hiſtoire on ſupprime toutes les petites parties pour ne s'attacher qu'aux grandes, & l'on peint ſans s'arrêter à des détails peu importans, comme ſeroient les criſtallins & paupieres ou petits plis qui environnent ordinairement les yeux : l'on néglige de marquer ſenſiblement les différentes pe-tites demi-teintes qui ſe trouvent entre les ombres & les jours, ou ſi on le fait, c'eſt d'une maniere qui ne paroît point recherchée, & qui eſt toûjours ſubordonnée à l'effet général du Tableau. Le Pein-tre entierement maître de ſon ſujet, & n'ayant point d'objet particulier en vûë qui puiſſe l'atta-cher ſervilement, n'eſt occupé que du ſoin de for-mer des traits grands & hardis qui puiſſent concou-rir à l'intelligence générale du ſujet. Le Portrait ſe

peint à la vérité fuivant les mêmes principes, mais
avec cette différence que l'exactitude avec laquelle
le Peintre fuit le modéle qu'il a devant les yeux,
l'oblige à rendre avec le plus grand foin tout ce qu'il
découvre dans la nature jufqu'aux moindres chofes,
parce que c'eft fouvent de-là que dépend la fidele
reffemblance. Ayant fini la tête avec une fi grande
précifion, il eft obligé de terminer le refte à proportion, fans cela il ne paroîtroit qu'une ébauche en
comparaifon de la tête. C'eft ce fini & cette exécution précife qui eft parfaitement bien rendue par la
propreté du Burin ; au lieu que le pinceau libre de
l'hiftoire eft mieux rendu par la hardieffe & la facilité de la pointe à l'eau forte. On peut en donner
pour exemple les morceaux d'hiftoire gravés par
P. *Drevet le fils*, qui font admirables pour la fineffe
& la beauté du travail, mais beaucoup trop finis
pour le caractere de l'hiftoire, ce qui fait dire aux
gens de goût que c'eft un fort beau travail mais
très-déplacé, & qui ne fert qu'à faire paroître les
figures comme fi elles étoient de bronze. On peut
voir auffi la famille de Darius gravée par *Edelinck*
dont la gravûre quoique parfaite pour le Burin, eft
beaucoup moins convenable dans un pareil morceau, que celle de *Gerard Audran*. On remarquera à cette occafion que plufieurs Graveurs au Burin très-habiles, entr'autres *Bolfwert*, ayant à graver
des fujets d'hiftoire, ont imité autant que le Burin le
peut faire, ce défordre pittorefque & ce mélange

de travail que l'eau forte produit avec tant de fuccès.

Laiffons donc la Gravûre au Burin briller dans l'exécution des portraits où l'eau forte n'eft pas fi heureufe, & réfervons-la pour les morceaux d'hiftoire où elle répand plus de goût & de facilité, & pour le petit à qui elle donne un efprit & un caractere de deffein que le Burin auroit bien de la peine à imiter. Au lieu de nous propofer pour modéle, en gravant à l'eau forte, des Eftampes gravées au Burin avec une grande pureté, (comme le confeille M. Boffe) ce qui ne nous infpireroit que de la froideur ; mettons-nous plûtôt devant les yeux des morceaux des excellens Maîtres dont on vient de parler, *ou même des eaux fortes pures des Peintres qui ont gravé,* comme *Benedette de Caftillionne, Rimbrant, Berghem,* &c. ou encore de nos Peintres modernes dont plufieurs ont gravé avec un efprit que les plus habiles Graveurs auroient peine à égaler. Car quoique le Graveur doive garder beaucoup plus d'ordre qu'il n'y en a dans ces fortes d'ouvrages à caufe de la néceffité où il eft de terminer fes eaux fortes avec le Burin ; néanmoins la hardieffe qu'il y apperçoit peut quelquefois l'échauffer & lui faire produire des faillies heureufes que les bons connoiffeurs préférent infiniment à une propreté fans goût. L'arrangement & l'égalité des tailles eft ce qu'on apprend le plus vîte & ce qui eft le moins important dans la Gravûre : mais le plus difficile & ce qu'on ne fçait jamais affez, c'eft le bon goût d'une Gravûre moëlleufe & la correction des formes.

TABLE

Des Titres contenus dans ce Traité.

PREMIERE PARTIE. De la Gravûre au Vernis dur.

SECONDE PARTIE. De la Gravûre au Vernis mol.

Fin de la Table des Titres.

APPROBATION.

J'AY lû par ordre de Monseigneur le Chancelier, *la Maniere de Graver à l'Eau Forte &*
au Burin, & les augmentations que l'on a faites
pour cette nouvelle Édition. Fait à Paris ce 7. Février 1743.

MONTCARVILLE.

PRIVILEGE DU ROY.

LOUIS, par la grace de Dieu, Roi de France
& de Navarre; A nos amés & feaux Conseil-
lers, les Gens tenans nos Cours de Parlement,
Maîtres des Requêtes ordinaires de Notre Hôtel,
Grand Conseil, Prévôt de Paris, Baillifs, Séné-
chaux, leurs Lieutenans Civils & autres nos Justi-
ciers qu'il appartiendra ; SALUT. Notre bien-amé
Charles-Ant. JOMBERT, Libraire à Paris, & ordinaire pour notre Artillerie & pour le Génie, nous
a fait exposer qu'il desireroit faire imprimer & donner au Public plusieurs Ouvrages, qui ont pour
Titres *Elémens de la Guerre, des Siéges, &c.* con-
tenans *l'Artillerie, l'Attaque & la Défense des Pla-*
ces, par M. LE BLOND ; *Principes du Systéme des*
Petits Tourbillons de Descartes, par *l'Abbe* DE-
LAUNAY ; *Géographie Physique ou Introduction à*
la Connoissance de l'Univers, par STRUYCK,
traduit en François ; *les Elémens de la Physique-*
Mathématique, par s'GRAVESANDE, *traduit*
en François ; *Dictionnaire de Mathématique de*
WOLFIUS, *traduit en François ; Cours de Ma-*

dans trois mois de la datte d'icelles; que l'impreffion defdits Ouvrages fera faite dans notre Royau-
me & non ailleurs, en bon papier & beaux cara-
ctéres, conformément à la feuille imprimée &
attachée pour modéle fous le contrefcel defdites
préfentes; que l'Impétrant fe conformera en tout
aux Réglemens de la Librairie, & notament à
celui du dix Avril 1725; & qu'avant de les expofer en vente, le manufcrit ou imprimé qui aura
fervi de copie à l'impreffion defdits Livres fera
remis dans le même état où l'approbation y aura
été donnée ès mains de notre très-cher & féal Chevalier le Sieur Dagueffeau, Chancelier de France, Commandeur de nos Ordres, & qu'il en fera
enfuite remis deux exemplaires dans notre Biblio-
théque publique, un dans celle de notre Château
du Louvre, & un dans celle de notredit très-cher
& féal Chevalier le Sieur Dagueffeau, Chancellier
de France, le tout à peine de nullité des préfentes : Du contenu defquelles vous mandons & en-
joignons de faire jouir ledit Expofant & fes ayans
caufe, pleinement & paifiblement, fans fouffrir
qu'il leur foit fait aucun trouble ou empêchement.
Voulons que la copie defdites préfentes qui fera
imprimée tout au long au commencement ou à la
fin defdits Ouvrages, foit tenu pour duëment fi-
gnifiée, & qu'aux copies collationnés par l'un de
nos amés & feaux Confeillers & Secretaires, foi
foit ajoutée comme à l'original. Commandons
au premier notre Huiffier ou Sergent fur ce requis, de faire pour l'exécution d'icelles, tous
Actes requis & néceffaires, fans demander autre
permiffion & nonobftant clameur de Haro, Char-
te Nomande & Lettres à ce contraires : Car tel eft
notre plaifir. Donné à Verfailles le vingt-fixiéme

xxxij
jour du mois d'Avril, l'an de grace mil fept cens
quarante-trois, & de notre Regne le vingt-hui-
tiéme. Par le Roi en fon Confeil,

SAINSON.

*Regiftré fur le Regiftre XI. de la Chambre Royale
des Libraires & Imprimeurs de Paris N°. 185.
fol. 155. conformément aux anciens Reglemens,
confirmés par celui du 28 Février 1723. A Paris
le 23 Mai 1743.*

SAUGRAIN, *Syndic.*

AVIS AU RELIEUR.

Les dix-neuf Planches de cet Ouvrage fe place-
ront à la fin de chaque partie, dans l'ordre fuivant,
& on y laiffera le papier blanc pour les faire fortir
hors du Livre.

Le Frontifpice regardera le titre du Livre.

Les Planches 1. 2. 3. 4. 5. 6. 7. 8. 9. feront
placées à la fin de la premiere Partie, page 48.

Les Planches 10. 11. 12. 13. à la fin de la
troifiéme Partie, page 128.

Les Planches 14. 15. 16. 17. 18. & 19. à
la fin de la derniere Partie, page 162.

MANIERE

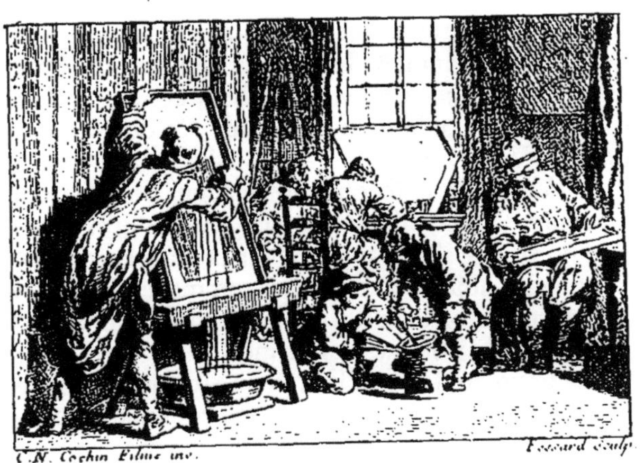

MANIERE
DE GRAVER
A L'EAU FORTE
ET
AU BURIN.

PREMIERE PARTIE.

De la Gravûre au Vernis dur.

INTRODUCTION.

J'AI connoissance de deux sortes de Vernis & de deux sortes d'Eaux Fortes que je décrirai chacun en leur rang.

Le Vernis de la premiere sorte étant froid demeure en consistance comme l'huile grasse

A

ou firop tranfparant & de couleur rouffâtre ; & étant
mis fur la planche on l'y fait fécher, comme il fera
dit, de façon qu'il y devienne dur, & de là on le
nomme Vernis dur.

Le Vernis de la feconde forte étant froid fe tient
en maffe d'une confiftance à peu près de poix ou de
cire noire ; & étant appliqué fur la planche, on ne
fait que l'y noircir ou blanchir, comme je dirai, fans
le fécher, enforte qu'il y conferve toute fa moleffe ;
& de là on le nomme Vernis mol.

La premiere forte d'Eau forte eft faite de vinaigre, verdet, fel armoniac, & fel commun, bouil-
lis feulement enfemble : & d'autant qu'il ne s'en vend
point je donnerai la maniere de la faire.

La feconde forte eft faite de vitriol & de falpê-
tre, & par fois encore d'alun de roche, diftillés artiftement enfemble : c'eft celle dont les Affineurs fe
fe fervent à féparer l'or d'avec l'argent & le cuivre,
qu'ils nomment autrement, eau de départ : &
comme l'on en trouve à acheter chez les Affineurs
& autres, je ne décrirai point la maniere de la faire.

Cette Eau forte, ou de Depart, ainfi diftillée,
n'eft bonne que fur le Vernis mol, & ne vaut rien
fur le dur à caufe qu'elle le diffout.

L'autre qui n'eft que bouillie, eft bonne également fur toutes fortes de Vernis & dur & mol, d'autant qu'elle n'en diffout aucun.

Je me fuis, en ce Traité, plus étendu fur la ma-
niére de graver avec le Vernis dur, que par le
moyen du Vernis mol, parce que le premier me
femble préférable ; j'ai donné cependant la façon
de graver au Vernis mol, parce qu'elle fert
extrémement en beaucoup d'occafions, comme
vous pourrez voir ci-après : car mon intention dans
cet œuvre eft comme j'ai dit, d'expofer en public

toutes les manieres desquelles je me sers à graver
en Taille Douce par le moyen de l'Eau forte.

REMARQUE.

Le Vernis dur n'est plus en usage ; on l'a abandonné tout-à-fait pour se servir du Vernis mol sur
lequel M. Bosse s'est contenté de dire très-peu de
chose, comme n'étant pas beaucoup usité de son
tems : c'est sur ce Vernis mol qu'on s'est principalement étendu dans cette nouvelle édition ; on y
trouvera la maniere de s'en servir pour graver à
l'Eau forte, détaillée avec autant de soin que M.
Bosse avoit fait celle au Vernis dur, & outre cela
des principes de la gravûre pour les Commençans,
qui leur faciliteront les moyens de se perfectionner dans la Pratique de ce bel Art.

Maniere de faire le Vernis dur pour graver à l'Eau Forte sur le Cuivre rouge.

PRenez cinq onces de poix grecque, ou à défaut d'icelle, de la poix grasse, autrement de
Bourgogne : cinq onces de raisine de Tyr ou Colofone, ou aussi à son défaut, de la raisine commune : Faites les fondre ensemble sur un feu médiocre, dans un pot de terre neuf, bien plombé &
vernissé & bien net ; ces deux choses étant fondues
& bien mêlées ensemble, mettez-y parmi quatre
onces de bonne huile de noix, ou d'huile de lin ;
mêlez bien le tout ensemble sur ledit feu durant une
bonne demi-heure ; puis laissez cuire ce mêlange
jusques à ce qu'en ayant mis refroidir, le touchant
avec le doigt il file comme un sirop bien gluant.

Alor s vous retirerez le pot de deſſus le feu, & le
Vernis étant un peu refroidi, paſſez-le dans un linge
neuf en quelque vaiſſelle de fayance ou de terre bien
plombée, puis le ſerrez dans quelque bouteille d'un
verre bien épais, ou dans quelque vaiſſeau qui n'en
boive pas & ſe puiſſe bien boucher : le Vernis fait
de la ſorte ſe gardera vingt ans & n'en eſt que meilleur.

J'ai ſçú par feu Monſieur Callot qu'on lui en-
voyoit ſon Vernis tout fait d'Italie, & qu'il s'y fait
par les Menuiſiers, qui s'en ſervent pour vernir
leurs bois, ils le nomment, Vernicé groſſo da Lig-
naioly, il m'en avoit donné, dont je me ſuis ſervi
long-tems, à preſent je me ſers de celui dont la
deſcription eſt ci-deſſus. Le meilleur ſe fait à Ve-
niſe & à Florence : il ſe vend chez les Epiciers &
Droguiſtes.

REMARQUE.

Le Vernis dur dont M. Boſſe vient de donner
la deſcription, eſt ſujet à pluſieurs inconveniens :
celui de Callot dont on parle ici eſt beaucoup
meilleur, & plus facile à employer. Voici la maniere dont on le fait à Florence & à Veniſe.

Vernis dur dont Callot ſe ſervoit, appellé com-
munement Vernis de Florence.

Prenez un quarteron d'huile graſſe bien claire &
faite avec de bonne huile de lin, pareille à celle
dont les Peintres ſe ſervent : faites la chauffer dans
un poëlon de terre verniſſé & neuf ; enſuite mettez-y un quarteron de maſtic en larmes pulveriſé,
& remuez bien le tout juſqu'à ce qu'il ſoit fondu

entierement. Alors paffez toute la maffe à travers un linge fin & propre dans une bouteille de verre à large col, que vous boucherez exactement pour le mieux conferver, & vous en fervir comme on le dira ci-après.

Maniere de faire la compofition ou Mixtion de fuif & d'huile, pour couvrir aux Planches ce que l'on veut que l'Eau Forte ne creufe pas d'avantage.

PRenez une écuelle de terre plombée, grande ou petite, fuivant ce que vous voulez faire de compofition ou mixtion.

Mettez-y dedans une portion d'huile d'olive, & pofez ladite écuelle fur le feu, puis l'huile étant bien chaude, jettez-y dedans du fuif de chandelle, lequel étant fondu vous en prendrez avec un pinceau & en laifferez tomber quelques gouttes fur quelque chofe de dur & de froid, par exemple, fur une planche de cuivre, & fi les gouttes fe rendent moyennement figées & fermées c'eft un témoignage que la dofe du fuif & huile eft bien faite ; car vous jugez bien qu'étant trop liquide c'eft qu'il y a trop d'huile, & cela étant, il faut y remettre du fuif ; & auffi par la même raifon qu'étant trop dure, il faut y remettre de l'huile. L'ayant donc fait de bonne forte, vous ferez très-bien bouillir le tout enfemble l'efpace d'une heure, afin de laiffer bien mêler & lier l'huile & le fuif enfemble, & jufqu'à ce que ladite mixtion devienne rouffe ou approchant, autrement ils font fujets à fe féparer quand on s'en fert.

Le fujet pourquoi l'on met de l'huile avec le fuif,

n'eſt à autre fin que pour rendre le ſuif plus liquide & qu'il ne ſe fige pas ſitôt : car vous ſçavez que ſi vous aviez fait fondre du ſuif tout ſeul, vous ne l'auriez pas ſitôt pris avec le pinceau pour le porter au lieu néceſſaire, qu'il ſeroit figé.

Il faut mettre davantage d'huile avec le ſuif en hyver qu'en été.

Maniere de faire l'Eau Forte pour le Vernis dur.

J'Ai dit que cette Eau Forte ſe fait de *vinaigre*, *ſel armoniac*, *ſel commun*, & *verdet*, autrement, *verd de gris ou verd de cuivre*.

Le *vinaigre* doit être du meilleur, plus fort & plus paillet ; le blanc eſt d'ordinaire le meilleur.

Le *ſel armoniac* doit être bien clair, tranſparent, blanc, pur & net.

Le *ſel commun* doit auſſi être net & pur.

Le *verdet* encore doit être pur, net, & ſec, ſans raclure de cuivre, & ſans grapille de raiſins dont il ſe fait.

Le ſel armoniac, & le verdet, ſe vendent d'ordinaire chez les Droguiſtes ou Epiciers.

Compoſition de l'Eau Forte.

Prenez trois pintes de *vinaigre*, ſix onces de *ſel armoniac*, ſix onces de *ſel commun*, quatre onces de *verdet*, ou du tout à proportion ſelon que vous voulez faire plus ou moins d'Eau forte, pilez les choſes dures aſſez menu.

Mettez le tout enſemble dans un pot de terre bien plombé ou verniſſé, principalement en dedans, & qui ſoit d'une meſure à en contenir davantage, afin que faifant bouillir ce qui fera dedans, il ne s'en aille par deffus; couvrez le pot de fon couvercle, puis mettez-le fur un grand feu, & faites bouillir promptement le tout enfemble deux ou trois gros bouillons & non davantage : quand vous jugerez à pêu près que le bouillon veut venir & non plutôt, découvrez le pot & remuez le tout enfemble de fois à autre avec quelque petit bâton, prenant garde lorfque ledit bouillon s'éleve, que l'Eau forte ne s'en aille par deffus, & c'eft pourquoi j'ai dit qu'il falloit que le pot fût grand, à caufe que d'ordinaire lorfqu'il commence à bouillir cela s'enfle & furmonte beaucoup.

Ayant donc bouilli deux ou trois bouillons, vous retirerez le pot du feu & y laifferez refroidir l'Eau forte dedans, le tenant couvert ; & étant refroidie vous la verferez dedans une bouteille de verre ou de grez, la laiffant repofer un jour ou deux avant que de vous en fervir ; & fi en vous en fervant elle étoit trop forte, & qu'elle mît vos hachures en pâté, en éclatant le Vernis, vous n'avez qu'à la moderer en y mêlant un bon verre ou deux du même vinaigre dont vous l'avez faite.

Le Vinaigre diftillé eft auffi très-excellent pour faire de ladite Eau forte, & n'eft pas fi fujet à faire éclater le Vernis.

Moyen de connoître le bon Cuivre rouge, de le faire forger en Planches, de le polir & dé-graiffer, avant que de mettre le Vernis deffus.

POur la Gravûre en Taille-douce, tant au Bu-rin qu'à l'Eau forte, le cuivre rouge eft reçû pour le meilleur; il y a le jaune que l'on nomme autrement *Leton*, lequel eft communement trop ai-gre, & fouvent pailleux & mal net : il y en a du rouge, lequel a ces mauvaifes qualités & qui par conféquent eft à rejetter, d'autant que l'ouvrage que l'on feroit deffus à l'Eau forte paroîtroit trop rude & maigre. Il s'en rencontre auffi qui eft quafi mol comme du plomb, & ce n'eft pas encore de la forte qu'il le faut, à caufe que venant à appliquer l'Eau forte fur ce que vous avez tracé deffus, elle y demeure long-tems & ne creufe que fort peu, & ce qui eft le pis, elle éclatte le Vernis & fait les traits & hacheures mal nettes, autrement boueufes ou bourrues; & pour m'expliquer mieux, c'eft par comparaifon comme fi l'on faifoit à la plume avec de l'encre, quelques hacheures fur du papier qui boive un peu, cela fait que les traits ne font pas nets, & qui plus eft ils fe mettent quafi les uns avec les autres, ce qui fait que je ne m'étonne pas fi l'Eau fait ainfi enlever le Vernis; car trouvant le cuivre fi mol & fi poreux elle le fouille & avance facile-ment fous le Vernis, qui par conféquent vient à quitter le lieu où il étoit appliqué.

Il s'en rencontre auffi qui a des veines, lefquelles font molles & aigres; il y en a d'autre qui eft plein de petits trous que l'on nomme cendreux, & d'autre rempli de petites taches qu'il faut brunir, qu'on nomme teigneux.

Mais le bon cuivre rouge est plein, ferme, & l'on peut connoitre s'il est tel en y gravant avec le Burin ; car s'il est aigre, vous sentirez de la peine & du criquetis en l'y faisant, & s'il est mol, il semble que vous touchez du plomb.

Au lieu qu'étant bon, le Burin y entre sans sentiment de criquetis ni de molesse, mais avec un peu de force & une fermeté pleine & douce, comme quand l'on touche l'or & l'argent en comparaison des autres métaux.

Maniere de faire forger & polir le Cuivre.

IL n'est pas absolument nécessaire à celui qui desire graver de sçavoir faire forger & polir lui-même son cuivre : Mais d'autant que l'on se peut trouver en des lieux où l'on n'en trouveroit que comme les Chaudroniers l'achetent, j'ai trouvé à propos de l'enseigner ; & même cela vous peut donner la connoissance pour voir s'il est bien poli afin d'y pouvoir faire une graveure nette.

Quand vous serez assuré de la bonne qualité du cuivre vous donnerez à un Chaudronnier la mesure des grandeur & épaisseur dont vous voudrez la planche.

Une planche de la grandeur que les Ouvriers nomment grande demi-feuille, & qui est d'environ douze pouces d'un côté & neuf de l'autre, doit avoir à peu près l'épaisseur d'une ligne, & à proportion pour les autres grandeurs.

Vous recommanderez de la bien forger & appla-

nir à froid ; car étant ainſi bien forgée, le cuivre en
devient beaucoup moins poreux, & cela eſt de très-
grande conſéquence.

Enſuite vous prendrez la planche ainſi forgée,
& en choiſirez le côté le plus uni & le moins pailleux ou gerſeux, & la poſerez ſur un ais en penchant, au bas duquel vous aurez fiché deux petits
cloux ou leurs pointes, pour y retenir & arrêter la
planche afin qu'elle ne gliſſe.

Lors pour commencer à la polir, vous prendrez
un gros morceau de grés, & de l'eau nette, & la
frotterez avec cela bien fermement & également
par tout une fois, ſelon ſa longueur, & puis ſelon
ſa largeur, en la mouillant de fois à autre, juſques
à ce qu'il n'y paroiſſe plus aucune foſſe ni marque
ou tache des coups que le marteau y a faits en la
forgeant, ni aucuns trous ou paille ou autre ſorte
d'inégalités ; puis vous la laverez enſorte qu'il n'y
demeure rien deſſus.

Après cela vous prendrez de la *pierre ponce* bien
choiſie, & en frotterez ladite planche avec de l'eau
comme vous avez fait avec le grés en long & en
large, tant & tant de fois & ſi fermement & également qu'il n'y paroiſſe plus aucune trace ni raye
dudit grés : & enfin la laverez bien.

Derechef vous ferez la même choſe encore avec
une pierre douce à éguiſer, & de l'eau, tant que
les traces de la ponce ſoient toutes perdues : *Ladite
pierre douce à éguiſer eſt d'ordinaire de couleur
d'ardoiſe, il s'en trouve auſſi de couleur d'olive &
de rouge.*

Cela fait, vous laverez ſi bien votre planche
avec de l'eau claire & nette, qu'il n'y demeure aucune pouſſiere ou ordure deſſus.

Alors vous prendrez un charbon de ceux que

vous aurez choisi & brûlé de la façon qui suit : Sçavoir trois ou quatre charbons de saule bien doux,
gros & pleins, sans être fendillez, & dont communement les Orfévres se servent à souder : vous
en ratifserez bien l'écorce, puis vous les rangerez
ensemble dans le feu : vous les couvrirez ensuite
d'autres charbons allumez, & de quantité de cendre
rouge par dessus, de forte qu'ils y puissent demeurer sans prendre beaucoup d'air une heure & demie
plus ou moins selon la grosseur des charbons, d'autant qu'il faut que le feu les ait atteints jusques au
cœur, & qu'il n'y reste aucune vapeur ; c'est pourquoi il vaut mieux les y laisser plus que moins : &
lorsque vous jugerez qu'ils sont en état de les ôter
du feu, vous mettrez de l'eau commune en quelque
vaisseau assez grand pour les contenir tous ; puis
vous les retirerez du feu, & en même tems les jetterez tout ardens dans ladite eau pour les y éteindre
& laisser refroidir ; il y en a qui se servent d'urine au
lieu d'eau, mais pour moi je trouve l'eau assez bonne.

Maintenant pour vous servir de ces charbons à
achever d'en polir votre cuivre, vous en choisirez
comme dessus, un ou un morceau d'un qui soit assez
gros & ferme, & qui se soit bien maintenu au feu
sans se fendiller : vous le tiendrez bien avec la main
& appuyant une de ses carnes ou angles contre la
planche, vous l'en frotterez fermement pour ôter
les traits de la pierre ; il n'importe de quel sens pourvû que tous ces traits s'en aillent ; & s'il arrive que
le charbon ne fasse que glisser sur le cuivre sans y
mordre, c'est signe qu'il n'est pas bon, & il faut en
choisir un autre qui ait cette qualité, qu'alors que
vous le poussez sur le cuivre avec de l'eau vous l'y
sentiez âpre & qu'il le mange en faisant un doux

bruit, & l'ayant tel vous le passerez toûjours d'un
même sens sur votre planche tant & tant de fois
qu'il ne paroisse plus en tout sur icelle aucune raye,
paille ou trous si petits qu'ils soient.

Et si d'avanture (comme il se rencontre assez souvent) le charbon est un peu trop acre ou rude, &
qu'il morde le cuivre trop rudement, vous en pourrez choisir un qui soit un peu plus doux, & le repasser avec de l'eau dessus le poliment du premier.

Après avoir fait ce qui se peut avec le charbon,
votre planche paroissant bien unie sans rayes profondes ni trous, il faut prendre un outil d'acier bien
poli & arrondi ou applati en pointe par les deux
bouts en forme d'un cœur, appellé *Brunissoir*. Et
ayant frotté la planche avec un peu d'huile d'o-
live, vous ferez passer le Brunissoir par dessus en
appuyant fortement sur le cuivre. La meilleure maniere de *brunir un cuivre* est de ne point passer le
Brunissoir sur la longueur ni sur la largeur, mais de
biais, c'est-à-dire, diagonalement d'un angle à l'autre, ce qui ôte bien mieux les rayes ou salissures
que le charbon y a fait. On brunira ainsi tout le cuivre de maniere qu'il devienne par tout luisant comme une glace de miroir : & si par hazard il y restoit
encore après cela quelques rayes, il faut repasser le
Brunissoir seulement à cet endroit, en lozange sur
cette raye jusqu'à ce qu'elle disparoisse tout à fait.

Les Cuivriers ne brunissent point ordinairement
les planches, à moins qu'on ne le leur recommande expressement, & qu'on ne paye quelque chose
de plus pour cette façon : c'est pourquoi le Graveur
est souvent obligé de le faire en leur place, ce qu'il
ne doit pas négliger, autrement les épreuves ou
estampes que l'on tireroit après que l'eau forte a
mordu, viendroient toutes sales & pleines de rayes.

Une planche de cuivre neuf bien poli & bruni,
& tout prête à graver se vend à Paris chez les Cuivriers 55 sols ou tout au plus un écu la livre.

Votre planche étant donc ainsi bien polie & bru-
nie, vous la laverez avec de l'eau nette, & la presen-
terez devant le feu par l'envers afin qu'il desséche
l'eau qui est restée dessus ; étant séche vous l'essuyerez avec un linge bien net ; & pour être assuré
qu'il n'y ait rien de gras sur icelle, vous y passerez
dessus en frottant de la mie de pain bien rassis ; ou
bien ayant ratissé sur ladite planche du blanc de
craye bien doux vous la frotterez plusieurs fois avec
un linge blanc , puis vous l'essuyerez bien de
sorte qu'il n'y demeure ni pain ni blanc dessus, ni
aucune autre ordure.

La planche étant en cet état est prête à y appliquer le Vernis.

L'on peut encore faire ceci pour être assûré que
la planche soit bien polie, c'est de l'envoyer à l'Imprimeur de Taille-douce, afin qu'il l'encre de noir
par tout comme si elle étoit gravée, & qu'il en tire
une épreuve sur du papier blanc : & si le cuivre est
bien poli , ledit papier n'en doit avoir perdu sa
blancheur ; mais après il faut être soigneux de si
bien dégraisser ladite planche qu'il n'y reste dessus
aucune partie du noir à l'huile de l'Imprimeur ni aucune autre saleté.

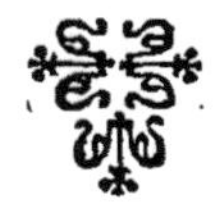

Maniere d'appliquer le Vernis dur sur la Planche, & de l'y noircir. Planche premiere.

Votre planche étant parfaitement dégraissée & essuyée comme j'ai dit, vous la mettrez sur un réchaut dans lequel il y ait un peu de feu, & quand elle sera devenue médiocrement chaude vous l'en ôterez, & prendrez dudit Vernis avec un petit bâton ou autre telle chose nette, & en mettrez un petit tas sur le bout d'un de vos doigts, & en touchant légerement la planche plusieurs fois avec ce bout de doigt, vous y appliquerez ledit Vernis le plus également que vous pourrez par petites plaques espacées de distance à peu près égales ; comme la figure d'en haut vous représente, sur la planche marquée O; & prenez garde de n'en mettre en l'une guére plus qu'en l'autre, & si votre planche O étoit refroidie, vous la ferez rechauffer comme devant, ayant toûjours soin qu'il n'y vole dessus aucune poudre ou ordure. Cela fait, ayant bien essuyé la partie charnue de la paume de votre main qui repond au petit doigt, vous tapperez de cet endroit sur ladite planche, jusques à ce que toutes ces petites plaques de Vernis, couvrent bien également & uniment toute l'étendue de sa face polie.

Aussi-tôt ce tappement fait, il faut passer encore la même paume de la main sur la planche comme en essuyant ou coulant sur ledit Vernis tapé, afin de le rendre plus uni & plus luisant, & surtout ayez soin de deux choses; l'une, qu'il y ait très-peu de Vernis sur la planche ; l'autre de n'avoir point la main suante, d'autant que l'eau de la sueur s'attache au Vernis, & en sentant le feu elle y fait en bouillonnant des petits trous lesquels on ne voit presque pas, & si l'on n'y prenoit garde lorsque l'Eau forte feroit son opération sur l'ouvrage que l'on auroit fait, elle la feroit aussi en même tems sur ces petits trous.

REMARQUE.

La maniere d'appliquer & d'étendre le Vernis sur la planche avec la paume de la main, est sujette a plusieurs inconveniens, comme M. Bosse l'a fort bien remarqué : car outre l'incommodité de se brûler la main dans cette opération, ce qu'on ne peut guéres éviter : il arrive encore souvent que la main devient suante, & que cette sueur occasionne de petits trous imperceptibles dans le Vernis, de façon que quand on vient à faire mordre la planche, l'Eau forte entre dans ces trous & y fait des saletés sur le cuivre en plusieurs endroits. Pour donc éviter ces accidens, il faut étendre le Vernis avec un petit tampon de taffetas neuf rempli de cotton, comme on a coutume de faire au Vernis mol.

A l'égard de la façon de noircir le Vernis, elle est la même que celle que M. Bosse enseigne, excepté qu'au lieu d'une chandelle, il vaut mieux se servir d'un bout de flambeau, ou d'une bougie jaune pliée en deux ou en quatre, pour faire une fumée plus épaisse : & au lieu de tenir la planche en l'air avec la main, ce qui est fort embarrassant lorsque le cuivre est grand, & fait qu'on se brûle souvent la main quand le cuivre est petit, on se sert d'un ou de plusieurs petits étaux pour le tenir plus commodement. On peut voir ce que nous dirons à ce sujet à l'article du Vernis mol, cette opération étant la même pour les deux fortes de Vernis.

Votre Vernis étant donc ainſi bien uniment étendu ſur votre planche, le moyen de le rendre noir,
eſt de prendre une groſſe chandelle de bon ſuif bien
allumée & qui ne petille point, & appliquer votre
planche le Vernis en deſſous, par un de ſes coins,
contre le mur, comme la figure d'en bas vous re-
préſente ; en prenant garde que les doigts qui la
tiennent ne touchent au Vernis ; puis tenant votre
chandelle à plomb, vous en appliquerez la flamme
contre ledit Vernis, l'approchant tant près que
vous voudrez, pourvû que ſon moucheron ne le
touche, & ainſi vous la conduirez par toute l'étendue du Vernis tant de fois qu'il en ſoit bien noir-
ci, ayant ſoin de la moucher de tems en tems afin
qu'elle laiſſe mieux aller ſa fumée.

Cela fait, il faut faire cuire ou ſécher ledit Vernis, comme je vais dire enſuite, & en attendant
il vous faut poſer votre planche ainſi vernie, en
telle ſorte qu'il n'y aille point d'ordure deſſus.

Maniere

Maniere de faire sécher ou durcir le Vernis sur la Planche avec le feu. Planche seconde.

IL faut avoir fait bien allumer une quantité de charbons qui ne petillent point, s'il est possible, & en dresser un brasier plat & de la forme de votre planche, mais de plus grande étendue, pour la mettre dessus.

Cette figure vous montre comme vous pouvez faire cela dans une cheminée à l'aide de deux petits chenets pour supporter la planche, & avant que de l'y mettre vous attacherez en haut, comme BCD, une serviette, ou autre telle chose étendue par dessus le feu, pour empêcher qu'aucunes ordures de la cheminée, ne viennent à tomber après sur la planche.

Je vous dirai la maniere de dresser le brasier à cause qu'elle est de conséquence, nonobstant que sans discours, la figure vous en pourroit donner l'intelligence.

Premierement, votre charbon étant allumé de sorte qu'il ne flambe ni ne petille plus, vous l'arrangerez en une forme approchant de celle de votre planche, mais toutefois plus étendue d'environ quatre doigts tout à l'entour ou de chaque côté, mettant le plus de braise aux extrémités, & n'en laissant presque point au milieu.

Votre feu donc étant ainsi accommodé, vous mettrez votre planche O à l'envers sur des pincettes ou autre telle chose, pour la poser avec cela sur les chenets précisément sur le milieu de votre brasier, comme en P, & l'y ayant laissé l'espace du quart d'un demi-quart d'heure ou environ,

B

principalement en Hyver, vous verrez fumer le
Vernis : & quand vous jugerez que la fumée en
diminuera , vous ôterez la planche de deſſus le feu :
& avec un petit brin ou bâton de bois dur & pointu, vous l'y toucherez au bord ſur le Vernis , &
s'il enleve facilement ledit Vernis, en le trouvant
encore mol , il faut remettre la planche comme elle
étoit ſur le feu : & l'y ayant laiſſée encore un peu,
vous la toucherez derechef avec ledit bâton , & s'il
n'enleve nettement le Vernis qu'avec un peu de
force , il faut ôter à l'inſtant la planche de deſſus le
feu , & la laiſſer refroidir.

Que ſi le Vernis reſiſte bien fort au bâton , il
faut jetter de l'eau par le derriere de la planche pour
la faire refroidir promptement,de peur que ſa chaleur
ne le rende trop dur & ne le brûle.

Souvenez-vous ſur tout, pendant que la planche
eſt ſur le feu , d'empêcher qu'il n'aille aucune cendre , ou autre ordure , ſur le Vernis, d'autant qu'elle s'y attache & qu'on ne ſçauroit après l'en ôter :
mais quand il eſt achevé de durcir il n'y a plus rien
à craindre , s'il y en va , vous l'en pourrez ôter
avec quelque choſe de doux.

Quand le Vernis eſt ainſi cuit , & qu'il vient avec
des taches griſâtres & mattes , on les rend noires
& luiſantes comme le reſte , en frottant le bout
du doigt d'un peu de ſuif ou de mixtion de ci-devant , & tappant après légerement de cela ſur leſdites taches ; puis avec la paume de la main , eſſuyant fermement , de tous ſens , leſdits endroits
pluſieurs fois.

Maniere de s'apprêter pour deſſiner, contreti-
rer ou calquer ſon deſſein ſur la
planche vernie.

IL y a deux moyens de marquer ce qu'on veut
faire ſur la planche vernie de Vernis dur.

Le premier eſt d'avoir de très-bonne ſanguine
bien douce & bien graſſe ; mais il eſt très-difficile
d'en trouver de ſi excellente qu'elle ne ſoit ſujette
à faire des rayes ſur le Vernis ; c'eſt pourquoi je
ne m'arrêterai point à cette maniere, & je trouve
à propos de ne s'en ſervir que par néceſſité, comme lorſqu'ayant calqué ſon deſſein ainſi que je vais
dire enſuite, on y veut changer ou l'on a oublié d'y
calquer quelque choſe : je ne dirai donc que le ſe-
cond moyen, qui eſt de faire & arrêter bien cor-
rectement au crayon, à la plume, ou au pinceau votre deſſein ſur du bon papier, & en rougir après le
derriere avec de la poudre de bonne ſanguine, en
l'étendant deſſus & la frottant avec un petit linge,
enſorte qu'il ſoit bien également rouge partout :
alors ayant ôté ladite poudre de deſſus, vous paſſerez par-deſſus ledit papier rougi ſept ou huit fois la
paume de votre main, afin que la poudre de ladite
ſanguine s'y attache bien, & par ainſi ne puiſſe barbouiller le verni ; & ſi d'avanture vous êtiez obligé d'huiler votre deſſein, comme il arrive ſouvent
qu'il eſt à droite, & par conſéquent y étant gravé
il viendroit à gauche à l'impreſſion ; ou bien que
vous ne voudriez pas le gâter de ſanguine par le
derriere, vous prendrez un papier aſſez fin de la
grandeur de votre deſſein, & le frotterez de

sanguine d'un côté , comme j'ai dit ci-devant ; &
appliquerez le côté rougi sur votre planche contre
le verni ; puis y mettrez votre deſſein par-deſſus &
l'attacherez ſur ladite planche & papier rougi , de
ſorte que rien n'en puiſſe varier ni ſe remuer ſépa-
rément en aucune façon : & pour ce faire , vous les
ferez tenir enſemble avec de la cire mole ou d'Eſ-
pagne , ou autre choſe ſemblable.

Le moyen de connoître les bonnes Eguilles pour
en faire des outils , & de les emmancher
pour être propres à graver.

Vous prendrez des *Eguilles caſſées* de pluſieurs
groſſeurs , & en choiſirez de celles qui ſe rom-
pent net ſans ſe courber aucunement & dont le
grain eſt fin : vous aurez de petits bâtons ronds &
de la longueur d'un demi pied & gros comme des
groſſes plumes à écrire ou plus groſſes pour le meilleur , d'un bois ferme & non ſujet à éclater , aux
bouts deſquels vous ferez entrer de ces éguilles que
vous aurez choiſies , enſorte qu'elles ſortent hors
dudit bâton de la longueur approchant comme vous
allez voir en une figure qui ſuit , & quand vous en
aurez emmanché de trois ou quatre groſſeurs , vous
les aiguiſerez comme je vais dire.

*Forme qu'il faut donner aux bouts des Eguil-
les, & la maniere de les aiguiser.*
Planche Troisiéme.

IL faut avoir de deux sortes *d'outils* pour graver
sur le Vernis, l'un que je nomme *Pointe*, l'autre
Echoppe ; vous voyez en la figure d'enhaut de la
planche vis-à-vis la représentation des pointe s, &
en celle d'enbas celles des échoppes.

Ayant emmanché des éguilles de plusieurs grosseurs, comme ces figures vous montreront, vous
réserverez les grosses pour faire des Echoppes, &
les déliées & moyennes pour des Pointes.

Pour les pointuës vous en éguiserez trois ou quatre de différente grosseur, & pointuës quasi à l'ordinaire des éguilles à coudre, à la réserve des grosses, dont le bout doit être éguisé plus à coup ; j'ai
dans la figure d'enhaut tâché de les représenter de
la sorte que je veux dire.

Puis vous en aiguiserez deux ou trois encore de
différente grosseur, ensorte que la pointe soit plate
ou en biseau, & même quasi en forme d'une échoppe d'Orphévre, ou de la face d'un burin, comme
je l'ai représenté en la figure d'enbas. Vous vous
souviendrez qu'il faut pour les aiguiser être fourni
d'une pierre à huile qui ne morde pas trop fort,
afin qu'elle fasse un tranchant bien vif ; car quand
ladite pierre est rude & qu'elle mange trop fort,
elle ne mange pas nettement, & il y demeure des
ébarbures autour desdites pointes, qui sont extrêmement préjudiciables en gravant sur le Vernis : surtout il faut que les éguilles pointuës soient aiguisées

B iij

en pointe bien arrondie , afin qu'elles aillent &
viennent facilement & coulamment de tous fens fur
fur le cuivre & verni : car fi elles ne font ainfi vous
fentirez bien qu'elles n'iront pas toûjours de la forte
fur votre verni , & vous aurez de la peine à les y
conduire à votre volonté : & pour les Echoppes ,
à celles que vous voudrez qui faffent de gros traits,
vous ne ferez pas l'ovale ou face bifelée fort longue.

Et fi en travaillant fur le cuivre , vous fentiez
qu'ayant un peu travaillé , vos Pointes ou Echopes
n'y mordent pas vivement & nettement , fachez
que la trempe defdites éguilles n'en vaut rien pour
cet ouvrage , & ne vous en fervez pas , car il vous
les faudroit aiguifer à chaque trait que vous en fe-
riez.

Il refte à vous dire la maniere d'aiguifer votre
pointe à calquer pour contretirer vos deffeins fur le
vernis.

Prenez une devos moyennes pointes , & l'ac-
commodez fur la pierre à aiguifer enforte qu'elle
coule de tous côtés fur le papier , & qu'elle ne l'é-
corche point ; car vous jugez bien qu'étant par
trop pointuë , en venant à la tourner d'un côté ou
d'autre fur le papier , fuivant les contours qui com-
pofent votre deffein, elle ne manqueroit pas de l'é-
corcher ; c'eft pourquoi vous ferez enforte qu'elle
foit un peu émouffée & polie pour coûler de tous
fens doucement & librement , fans grater , écor-
cher , ni trancher le papier en appuyant deffus affez
fort.

J'ai mis ci-devant en la figure d'enbas la forme
d'un gros pinceau fait de poil de gris marqué A, dont
vous avez befoin d'être fourni pour vous fervir
d'épouffete, pour ôter de deffus votre vernis ce qui
en fort lorfque vous graverez , & même les ordu-

res qui y peuvent être tombées deſſus ; cela ſe peut
bien faire avec la barbe ou aîleron d'une plume ,
mais un tel pinceau me ſemble meilleur.

Maniere de contretirer ou calquer le deſſein ſur le Vernis.

JE vous ai dit ci-devant la méthode d'appliquer
& arrêter fermement ſur votre planche *le deſſein*
que vous y voulez graver , & voici la maniere de
le contretirer ou calquer.

Votre deſſein étant arrêté bien fixe ſur la planche , vous prendrez une pointe à calquer & la paſſerez ſur tous les contours des figures qui le compoſent, en l'appuyant aſſez fort & également , ſurtout
quand il y a deux papiers ; car ſi votre deſſein eſt
rougi par derriere , il ne faut pas appuyer ſi fort que
s'il y a deux papiers , ſoit que l'un ſoit huilé ou non ;
mais ſi le deſſein n'eſt pas rougi par derriere,& que
le rouge ſoit ſur un autre papier , ce ſont deux papiers que vous avez ſous votre pointe , & par conſéquent il vous faut appuyer une fois plus fort que
s'il n'y en avoit qu'un, à ſçavoir le deſſein rougi par
derriere. Cela fait vous devez ſçavoir que tous les
contours de votre deſſein ſur leſquels vous aurez
paſſé ainſi votre pointe , ſeront marqués, empreints,
ou calqués ſur le vernis de la planche.

Après cela ſi votre deſſein eſt rougi par le derriere vous l'ôterez en l'enlevant adroitement & proprement de deſſus la planche ſans qu'il la frotte aucunement ; & ſi vous avez rougi un autre papier ,
vous ôterez premierement votre deſſein & enſuite
enleverez comme j'ai dit le papier rougi , & ayant

découvert le vernis, vous taperez fur ce qu'il y a
de tracé de rouge avec le gras de la paume de votre main à plomb, & en tapant vous effuyerez bien
de tems en tems à quelque linge net le rouge qui
pourra s'être attaché à votre main afin de n'en tranf-
porter point d'un endroit à l'autre de votre planche ; & ayant ainfi tapé partout, vous verrez que
vos contours qui étoient rouges deviendront de
couleur blanchâtre, & feront par ce moyen attachés fermement au vernis.

Vous prendrez enfuite ce gros pinceau de poil
de gris dont j'ai parlé ci-devant, ou bien une barbe ou aîleron de plume, & la paſſerez partout fur
ledit vernis, en effuyant ou balayant, enforte qu'il
n'y refte aucune ordure ; & pour travailler, le meilleur eft de pofer la planche fur un pupiltre ou autre
telle chofe.

Moyen de conferver le Vernis fur la planche lorſqu'on y veut graver.

Votre planche étant fur un pupiltre ou chofe
femblable, vous lui mettrez fur le vernis une
feuille du plus doux papier ; & fur cette feuille vous
en mettrez une autre de papier gris ou blanc :
ces papiers font pour appuyer la main en travaillant
& empêcher qu'elle ne touche au vernis, & quand
il s'agit de tirer des lignes droites, pour pofer la
régle en partie fur lefdits papiers, afin qu'elle ne
touche point non plus au vernis.

Surtout il faut bien prendre garde à n'enfermer
aucune ordure entre ces papiers & la planche, car
vous jugez que s'il s'y étoit engagé de la pouffiere,

du gravier ou autre telle chose, en s'appuyant sur ces papiers & en les tournant ou retournant sur ledit vernis aux occasions, cela ne manqueroit pas d'y faire des rayes & des trous, & si c'étoit du suif ou autre chose grasse, elle s'attacheroit au vernis, & qui pis est, elle entreroit dans les traits & hachûres que vous auriez faites; c'est pourquoi il y faut bien prendre garde. Je n'ai pas daigné faire une figure de cela, ne l'ayant jugé nécessaire, outre qu'ailleurs j'ai représenté dans une planche qui se voit publiquement, deux Graveurs qui travaillent, l'un à l'Eau forte, & l'autre au Burin.

Maniere de graver sur le Vernis.

VOus avez à considérer en la Gravûre plusieurs choses : sçavoir que vous devez faire plusieurs lignes & hachûres de diverses grosseurs droites & courbes ; ainsi vous jugez bien que pour en faire de bien déliées, il se faut servir d'une pointe déliée, & pour d'autres plus grosses, d'une pointe plus grosse, & ainsi des autres : mais il est nécessaire de faire cette observation, que d'une grosse éguille aiguisée en pointe courte, il est difficile de faire un gros trait autrement que par trois voyes.

La premiere en appuyant bien fort, & la pointe étant courte & grosse elle se fait un plus large passage : mais si vous considerez bien cette maniere, le trait n'en sçauroit venir bien net, d'autant que le rond de la pointe ne tranche pas le vernis, mais l'entraîne en bavochant.

La seconde maniere est en faisant plusieurs traits extrêmement près les uns des autres, & en grossissant à plusieurs reprises, mais cela est trop long & difficile.

Et la troifiéme, de faire un trait moyennement gros & y laiffer long-tems l'eau forte deffus : mais il y a là-deffus à dire, comme je ferai voir en fon lieu.

Or par l'expérience que j'en fais tous les jours, je trouve que les échopes font plus propres à faire de gros traits, que *ne font les pointes*, à caufe qu'elles tranchent par leurs côtés, ce que les pointes ne font pas ; & après que je vous aurai dit le moyen de manier les pointes pour les chofes aufquelles elles font propres, je vous dirai la maniere auffi de manier les échopes aux endroits aufquels elles font préférables aux pointes ; par où vous jugerez que c'eft un moyen de faire ces gros traits affez nets.

REMARQUE.

Il y auroit beaucoup de chofes à ajouter à ce que dit M. Boffe dans cet article & dans les fuivans, au fujet des pointes & échoppes,& de l'ufage qu'on en doit faire, fuivant la nature des différens ouvrages que l'on a à traiter : mais comme cela obligeroit d'interrompre fouvent le difcours par des notes ou des remarques, & que d'ailleurs cette maniere de graver au vernis dur, dont nous parlons ici, n'eft plus d'ufage ; on a jugé à propos de réferver tout ce que l'on avoit à dire là-deffus, pour l'inférer dans la feconde partie,qui traite de la Gravûre au vernis mol, où l'on a traité à fond cette matiere : c'eft pourquoi nous y renvoyons le Lecteur.

Maniere de gouverner les Pointes fur la Planche. Planche quatriéme.

VOus jugez bien par ce que j'ai dit ci-devant, qu'il faut que vos pointes à graver foient ai-guifées bien rondement, afin qu'elles tournent li-brement fur le cuivre, & furtout qu'elles ayent leurs pointes fort vives, afin de trancher net le vernis & le cuivre en tous fens, & fi vous fentez que votre pointe n'aille pas ainfi librement de tout fens, elle n'eft pas aiguifée rondement.

Or fi vous avez à faire des lignes ou hachûres de groffeur égale d'un bout à l'autre, foit droites, foit courbes, comme les deux lignes A B, figure d'enhaut, vous reprefentent, le fens naturel vous dit qu'il faut appuyer votre pointe toujours d'une mê-me force en toute leur longueur.

Si vous en voulez faire une de groffeur inégale en fa longueur, comme les deux marquées a b, vous jugez bien qu'il faut appuyer plus fort en com-mençant à a, & toujours moins en approchant de b, en allégeant ou foulageant la main continuellement d'un bout à l'autre, felon que vous défirez qu'elles foient de groffeur inégale en toute leur longueur.

Et fi vous en voulez faire comme les deux mar-quées *a b* vous reprefentent, & dont le plus gros eft vers G, il faut commencer fort légerement du côté *a*, puis au rebours des autres, aller appuyant de plus en plus jufqu'à G, & faifant depuis G, juf-qu'à *b* comme vous avez fait en faifant la figure a b, vous ferez les traits gros & déliés comme ladite figure *a b*, vous reprefente.

Ce que j'ai dit fur ces trois fortes de traits qui peuvent être fix fortes de lignes, fuffit pour toutes les formes de hachûres qui fe peuvent rencontrer en ombrant votre deffein tel qu'il puiffe être; car vous voyez bien que la ligne droite A B, & fon adjointe qui eft courbe, font d'égale groffeur d'un bout à l'autre, & que la courbe comprend en elle toutes fortes de courbures généralement, & pour les deux autres, la différence n'eft qu'en leurs inégales groffeurs.

Et pour montrer que le nombre des hachûres qu'il convient faire en la gravûre, n'eft qu'une réïtération de l'une ou de l'autre de ces fortes de lignes, je les ai voulu répéter chacune plufieurs fois, aux figures *m n*, *o p*, *q g r*, & pour faire voir de plus que quand il convient croifer ou contre-hacher les premiers traits ou hachûres, ce n'eft toujours auffi que réïtérer la même chofe, j'ai fait ces trois fortes de hachûres croifées, fçavoir, *t*, *e*, *u*, pour les endroits où il s'agit de faire des hachûres droites ou courbes d'égale groffeur, & d'en faire qui diminuent par un bout; & quand elles doivent diminuer par les deux bouts; & quelque nombre qu'on y en mette pour reprefenter jufqu'à une nuit, vous voyez que ce n'eft toujours qu'une répétition de l'une defdites lignes.

Et fi vous défirez que votre gravûre approche de celle du Burin, il faut appuyer bien fort aux endroits ou vos hachûres doivent être groffes, & par la même raifon appuyer peu aux endroits où elles doivent être déliés; car vous jugez bien qu'alors votre ouvrage fera fait fur le cuivre verni, & que quand vous y appliquerez l'Eau forte deffus, elle creufera bien plus promptement & plus vivement aux traits ou hachûres où vous aurez fort appuyé vos pointes,

qu'aux autres où vous n'aurez quaſi fait qu'enlever
le vernis , joint qu'il y faut encore aider comme je
dirai ci-après en traitant du creuſement de l'Eau
forte ; & par ce moyen votre ouvrage ſe trouvera
fait ſuivant votre intention.

Davantage , après que vous avez gravé d'une
pointe déliée , ſi vous déſirez d'en groſſir encore le
trait , il faut que vous y repaſſiez après une autre
pointe courte & groſſe ſuivant la groſſeur dont vous
le voulez faire , & avec cette autre pointe renfon-
cer fermement ès plus gros endroits des hachûres ,
tant de celles des pointes , que principalement de
celles que vous aurez faites avec des échopes , &
par ce moyen les planches imprimeront beaucoup.

Il reſte à traiter du moyen de s'aider des outils
aiguiſés en forme d'échopes, leſquels ſervent quand
on veut élargir ou regroſſir les hachûres ou traits ,
ou en faire de ſi gros que l'on ſoit contraint d'abandonner les pointes , ce qu'il ne faut neanmoins pas
faire qu'à une grande extrémité , car les pointes entrent bien plus vivement dans le cuivre que ne font
leſdites échopes ; toutefois l'exceſſive groſſeur des
traits qu'il vous convient faire ſuivant les occaſions,
vous oblige ſouvent à vous ſervir d'échopes , &
tout ce qu'il y a à faire , comme j'ai dit ci-devant,
c'eſt qu'après avoir fait de ces gros traits avec leſdites échopes , il vous faut prendre une de vos
groſſes pointes aiguiſée court & rondement , &
avec elle repaſſer dans le milieu deſdits gros traits
très-fermement , & principalement aux endroits les
plus larges.

Maniere de faire de gros traits avec les Echop-
pes, & le moyen de les tenir & manier sur
la Planche vernie. Planche cinquiéme.

VOus avez à considerer en la figure qui suit
l'une de vos échopes comme une plume à
écrire, dont l'ovale A B C D seroit l'ouverture,
& la partie proche de C seroit le bout qui écrit:
& quant à la maniere de tenir ladite échope, elle
est semblable à celle de la plume, à la réserve qu'au
lieu que la taille ou ouverture de la plume est tournée vers le creux de la main, l'ovale ou face de
l'échope est d'ordinaire tournée vers le pouce, comme la figure III. vous montre : ce n'est pas que l'on
ne la puisse tourner & manier d'un autre sens, &
par exemple que l'ovale ou biselure sera tournée
vers le maître doigt, comme la figure IV. vous represente ; mais pour moi je trouve que la premiere
maniere est bien plus commode, & qu'on a bien
plus de force pour appuyer fermement.

Maintenant pour vous montrer le moyen de faire
des traits gros & profonds, & comme ladite échoppe est propre à cela, considerez les deux figures I.
& II. que j'ai faites beaucoup plus grand que nature, afin d'y mieux appercevoir ce que j'ai à dire
là-dessus.

Premierement, vous voyez que la figure ABCD
est la face ou l'ovale de votre échope : or si vous
pouviez enfoncer le bout de votre échope dans le
cuivre jusqu'à la ligne D B, qui est le plus renflé de
son ovale, vous auriez fait un trait de la largeur
que D B, contient de longueur, & qui dans le mi-

lieu seroit creux ou profond de la longueur de O C,
& si vous n'enfonciez pas votre échope si fort dans
le cuivre ; vous ferez un trait large & profond
comme la seconde figure *b o d c*, vous represente.

Par ce moyen vous voyez qu'en appuyant fort
peu, votre trait sera moins profond & conséquem-
ment plus large, comme l'exemple des traits que
la main du milieu, figure III, a faits, lesquels sont
marqués *r n s*, où vous voyez qu'ayant commencé
légerement par *r*, appuyé de plus en plus jusqu'à *n*,
& depuis *n*, en sortant & allégeant la main jusqu'à *s*,
vous ferez un trait pareil à *r n s*, & ainsi des autres : la difficulté de faire voir un ovale en si petit,
m'a obligé de representer l'échope entre les doigts
des deux mains beaucoup plus grosse qu'elle ne doit
être, à sçavoir de la même grosseur du bâton auquel elle doit être emmanchée ; pour celle d'enbas
figure IV. la face de l'échope étant tournée du côté
du maître doigt, il faut commencer les traits ou hachûres par *m*, & les finir en *n*, de la même force
& allégement qu'à l'autre.

Et lorsque l'on veut rendre les entrées & sorties
de ces hachûres plus déliées, il ne faut qu'avec une
pointe reprendre les bouts de ces grosses hachûres,
comme aux deux traits de la figure V. en appuyant
un peu comme à *q*, & allégeant toujours de-là jusqu'à la sortie *p*, & ainsi de quelque côté que vous
ayez à les reprendre, & pour plus grande commo-
modité, il faut en travaillant tourner votre planche, afin de l'avoir bien à votre main.

Il y a quelques ouvriers qui ayant gravé avec la
pointe, viennent à y rentrer ou repasser avec l'é-
chope, afin de regrossir les traits aux endroits nécessaires, ce que j'ai pratiqué autrefois ; mais à present je trouve que le meilleur est de les faire pre-

mierement avec l'échope, puis les reprendre ainſi
que je viens de dire, d'autant que la pointe travaille
plus facilement dans la trace de l'échope, que l'é-
chope ne fait dans la trace de la pointe, & les
traits en ſont bien plus nets.

Ceux qui ſçavent s'aider du Burin en peuvent
regroſſir leſdites hachûres après avoir fait creuſer
l'ouvrage à l'Eau forte, plûtôt que par le moyen
ſuſdit, & elles en ſeront bien plus nettes.

Je crois avoir aſſez expliqué le moyen de gouverner les pointes & échopes ; toutefois je vous
dirai encore ceci en paſſant, afin de ne rien oublier
ſi je puis ; c'eſt que vous devez en gravant tenir vos
pointes & échopes le plus à plomb ou droites ſur
votre planche que vous pourrez, & vous accoûtumer à les pouſſer hardiment, afin que les hachûres
en ſoient plus nettes & plus fermes, & pour cet
effet il ne faut jamais travailler deſdits outils qu'ils
ne ſoient bien aiguiſés, & ſi bons qu'ils puiſſent
être, il les faut aiguiſer aſſez ſouvent.

De plus je vous avertis de travailler vos douceurs
qui approchent de la partie illuminée & tous les
lointains, avec des pointes bien déliées, & les y
appuyer peu, mais les enfoncer fermement aux endroits qui doivent être ſenſibles, comme les ombres, afin qu'on puiſſe couvrir (comme il ſera dit
ci-après) une grande partie des douceurs & du
lointain tout d'un coup ; car vous ſçavez bien que
les pointes qui ont fait les hachûres qui approchent
du jour ou de la partie éclairée, ont fort peut at-
teint le cuivre, & ſi peu qu'elles n'ont quaſi em-
porté que le verni ; tellement qu'en appliquant l'Eau
forte deſſus, elle y mordra ou creuſera moins fort
de beaucoup, que ſur celles où vous aurez appuyé
fortement, de ſorte qu'ayant couvert d'un coup

tout

tout le lointain , ces endroits ainſi fermement touchés paroitront plus forts que les autres ; en cela
conſiſte une des principales adreſſes de l'art de la
Gravûre à l'Eau forte.

Et afin de vous le faire mieux entendre , ſi vous
aviez travaillé une place de lointain avec une même
pointe , & appuyé par tout également , tant ſur
le jour ou illuminé qu'en l'ombre ; vous jugez
bien que venant à couvrir le tout enſemble après
que l'eau forte y aura paſſé , l'ouvrage ne pourroit être que d'une même force partout ; & ainſi des
douceurs que l'on déſireroit obſerver aux hachûres,
ce qui ne ſeroit nullement bien.

Or je vous dis derechef d'avoir ſoin de tems en
tems de prendre votre gros pinceau , ou au défaut
d'icelui une barbe de plume , & d'en épouſſeter ou
balayer les raclures du vernis & du cuivre que
vos pointes enlevent en gravant , afin qu'il ne s'en
attache point dans vos hachûres , car cela pourroit
faire des rayes ſur le vernis en remuant le papier que
vous avez mis deſſus pour le conſerver , en vous
appuyant , & auſſi que le poil de votre pinceau ne
touche à rien de ſale ni de gras ; & cela ſoit dit pour
la derniere fois

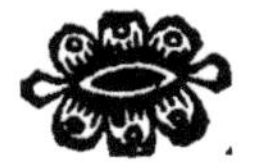

Maniere pour mettre la planche en état de recevoir l'eau forte.

VOtre planche étant toute gravée, prenez bien garde qu'il ne foit rien demeuré dans les hachûres ; fi d'avanture il y a quelques faux traits ou rayes, ou autres telles chofes que vous ne vouliez pas que l'Eau forte creufe, comme encore les bords de la planche qui ne font pas d'ordinaire bien vernis partout, quand il n'y auroit que ce qui s'y peut être fait en maniant la planche pour la noircir & en cuifant le vernis, lorfque l'on y touche avec le morceau de bois pointu pour voir s'il eft cuit, vous le couvrirez tout comme je vais dire.

Il vous faut faire chauffer & fondre la compofition ou mixtion du fuif & huile que vous avez faite ci-devant, puis en prendre avec un pinceau gros ou menu, à proportion des endroits que vous voulez couvrir ; & en appliquer affez épais, fur ce que vous ne défirez pas que l'eau forte touche.

Cela fait, vous prendrez une broffe de poil de porc ou autre telle chofe, & l'ayant trempée dans ladite mixtion en frotterez l'envers ou derriere de votre planche, afin que l'eau forte ne morde point fur ce derriere ; ce qui ne feroit pas tant de tort à ladite planche, qu'à l'eau forte qui s'affoibliroit par ce moyen.

Surtout prenez garde que votre mixtion ne foit point trop liquide ; car cela étant, lorfque l'on vient à verfer l'eau forte fur la planche, elle la fait couler & quitter le lieu où elle étoit appliquée : c'eft pourquoi il faut qu'elle foit comme j'ai dit,

compofée de fuif & d'huile proportionné de forte
que lorfque vous l'avez appliquée, elle fe fige un
peu fermement.

Pour moi, quand j'en couvre & qu'elle fe ré-
froidit, j'en mets de tems en tems un peu fur le
deffus de ma main gauche, principalement en hyver, d'autant que la chaleur de la main l'entretient
toûjours à demie fonduë, ce qui me femble plus
commode que de faire toujours fondre ladite mixtion dans le vaiffeau qui la contient.

Je n'oublierai pas de vous dire ce qui m'eft arrivé plufieurs fois & principalement au vernis mol,
qu'en appliquant l'eau forte deffus, elle enlevoit
tout le vernis en un moment, & ayant tâché de
découvrir la caufe de cet accident ; il m'arriva un
jour qu'il faifoit un froid humide, qu'après avoir
travaillé, je trouvai en levant ma planche de deffus ma table, qu'elle étoit toute mouillée par le
derriere, comme pourroit être un plat qui a fervi à
couvrir un pot qui boult ; cela me fit penfer qu'il
pourroit bien y avoir entre le vernis & le cuivre
quelque humidité, ce qui m'obligea à en faire une
épreuve, qui fut de travailler fur deux planches
vernies l'une comme l'autre, & avant que d'y appliquer l'eau forte, je préfentai l'une defdites planches au feu pour en diffiper l'humidité en cas qu'il
y en eut, & cela me réuffit fort bien ; mais de
l'autre que je n'y préfentai point, le verni fe leva
ainfi que j'avois jugé ; c'eft pourquoi principalement en hyver, il faut en faifant creufer à l'eau
forte, préfenter de tems en tems les planches au
feu, pour en faire évaporer l'humidité, furtout lorfqu'on y remet l'eau forte, cela étant de très-grande
importance.

Il y a auffi une chofe difficile à prévoir, mais le

C ij

bon eſt qu'elle n'arrive que rarement , c'eſt que le cuivre eſt quelquefois gras de ſa nature en des endroits , ce qui fait que le vernis ne s'y attache pas, quoiqu'il ſemble y être attaché , & l'on ne reconnoît cela qu'alors que l'on y applique l'eau forte ; car on ne l'a pas jetté ſept ou huit fois deſſus qu'aux endroits gras où l'on a gravé , la couleur du cuivre en paroît plus rouge qu'aux autres lieux où le cuivre n'eſt pas gras , & il arrive qu'en ces endroits-là le vernis eſt ſujet à éclater : je n'ai trouvé autre remede à cela , que d'achever à faire creuſer la planche avec d'autre eau forte , faite avec de bon vinaigre diſtillé : cet accident m'eſt arrivé trois ou quatre fois en dix ou douze ans. La premiere fois que j'apperçus mon vernis s'éclater , mon ouvrage étoit à demi creuſée à l'eau forte , je crus que la faute venoit de mon eau forte qui pouvoit être trop mêlée de vieille , & de plus que de la derniere que j'avois faite le vinaigre étoit trop coloré ; cela m'obligea pour tâcher de ſauver mon ouvrage de ce naufrage, de bien laver ma planche d'eau commune bien nette , puis la faire bien ſécher de loin au feu ; & ayant fait de l'eau forte avec du vinaigre diſtillé , j'achevai deux jours après , de faire creuſer ma planche. J'ai bien voulu vous donner ce petit avis , afin de vous en ſervir au beſoin , en cas que cela vienne à vous arriver.

Je vais dire enſuite le moyen de faire une eſpece de machine pour tenir la planche en état d'y verſer l'eau forte , ce qui n'empêchera pas que qui voudra n'en faſſe faire d'une autre façon ſuivant ſon déſir.

*Machine qu'il est nécessaire d'avoir, pour com-
modément tenir la planche en état d'y jetter
l'eau forte dessus.* Planche sixiéme.

PRemierement pour ceux qui désireront être
passablement fournis d'ustenciles, cette figure
leur fait voir que la piece marquée A, est une auge
de bois, d'une seule piece d'environ quatre pouces
de haut, & d'environ six pouces de large, sous
cette auge il y a une terrine plombée, ou de grez
marquée B, dans laquelle on met l'eau forte, pour
la prendre & l'aller de-là jetter sur la planche : au
fonds de ladite auge il y a un trou vis-à-vis de A,
par où l'eau forte retombe dans ladite terrine ;
M N O P, est un ais entouré par le haut & par les
deux côtés, d'un rebord d'environ deux pouces,
pour empêcher qu'en jettant l'eau forte elle ne se
perde ; ledit ais est appuyé en penchant contre un
mur ou autre corps, & entre dans l'ouverture de
l'auge en telle sorte, que l'eau forte que l'on jette sur
la planche qui est sur cet ais, retombe dans l'auge,
& de-là par le trou qui est au lieu le plus penchant
du fond de ladite auge dans la terrine B, qui est
dessous : C, est la planche qui est soutenue par deux
chevilles de bois laquelle est posée à plat sur ledit
ais : vous serez averti que l'ais, ces chevilles &
l'auge doivent être poissés ou godronnés ou bien
imprimés épais de couleur broyée avec de l'huile
de noix bien grasse, afin de résister à l'eau forte :
Q, est un pot de grez ou de fayance ou autre sem‑
blable, avec lequel on prend de l'eau forte dans la
terrine marquée B, que l'on jette sur toute la plan-

che marquée C, comme la figure vous reprefente ; n'ayant pas fi-tôt verfé ladite eau, qu'il faut en reprendre dans ladite terrine, & reverfer ainfi toujours continuellement fur ladite planche, jufqu'à un certain tems.

J'ai mis fous ladite terrine, la figure d'un gros ais ou planche pour la foulever plus haut, ce qui n'eft pas fait fans fujet, d'autant qu'ayant fait faire les pieds de l'auge d'une hauteur commode pour faire enforte que celui qui verferoit fût affis, & ayant reconnu que ladite terrine étant éloignée de l'auge, & l'eau forte venant à y tomber de trop haut, elle rejailliffoit hors d'elle, & de plus fe rendoit prefque toute en mouffe, comme l'eau battuë avec le favon : cela m'a obligé d'élever plus haut ladite terrine, & le plus qu'elle le peut être eft le mieux ; & pour cet effet il fe peut faire différentes fortes de machines toutes fimples & aifées à concevoir.

Nous allons voir l'ordre qu'il faut tenir pour commencer à verfer l'eau forte fur la planche, & la maniere d'y couvrir fuivant les tems ou occafions, avec la compofition ou mixtion de fuif & d'huile, les douceurs & éloignemens requis.

Ordre qu'il faut tenir pour verſer l'eau forte
ſur la planche , & couvrir avec la mixtion
de ſuif & d'huile , les douceurs & éloigne-
mens. Planche ſeptiéme , & huitiéme.

VOus avez vû la façon d'accommoder la planche pour recevoir l'eau forte , & il reſte à ſuivre par ordre les tems de l'y verſer par repriſes ;
car en pluſieurs ouvrages il faut jetter ladite eau
forte à diverſes fois , pour les raiſons ci-après dé-
duites.

Ayant mis une ſuffiſante quantité d'eau forte dans
la terrine , vous en puiſerez avec le pot de grez ou
ſemblable , & la jetterez ſur votre planche par le
plus haut endroit , enſorte qu'elle ſe puiſſe toujours
répandre bien également ſur toute ſon étendue , &
ſans que le pot touche contre : & quand vous aurez
verſé comme cela huit ou dix fois le petit pot plein
d'eau forte ſur vôtre planche en la poſition de la
Planche précédente , il la faut tourner d'un autre
ſens qu'elle n'étoit , par exemple comme elle eſt re-
preſentée en la figure d'enhaut de la *Planche ſeptié-*
me, puis verſer encore dix ou douze fois ainſi que deſſus : & après la tourner encore comme en la figure
d'enbas , & y jetter de même encore de l'eau forte
huit ou dix fois ; & verſer de l'eau forte ainſi par
repriſes durant un demi quart d'heure, plus ou moins,
ſuivant la force de l'eau ou l'acreté du cuivre : car
ſi le cuivre eſt aigre , il y faut verſer de l'eau moins
de tems , & s'il eſt doux, on y reſtera plus long-
tems ; & comme vous ne pouvez pas ſçavoir bien

certainement la force de votre eau forte ni la qualité précife de votre cuivre , je vais dire un moyen
de les reconnoître , afin de vous y gouverner felon la force ou la délicateffe que vous avez inten-
tention de donner à l'ouvrage : car il fe rencontre
que l'on fait fouvent des planches où le labeur demande une bien plus grande force ou tendreffe
qu'en d'autres. Mais auffi il y a communément des
ouvrages qui ne requiérent pas des traits plus gros
& plus fermes , ni plus délicats ou plus doux que
ceux à peu près de la planche du frontifpice de ce
Livre , ou que ceux qui feroient au double plus
grandes : & pour connoître la nature de votre cuivre , & la force de l'eau forte afin de les faire réuffir à cette forte d'ouvrage , vous verferez à la premiere fois , comme il eft dit ci-deffus la moitié d'un
demi quart d'heure , puis vous ôterez la planche ,
& y jetterez promptement deffus d'affez haut ,
abondamment d'eau commune & nette , pour la
laver , en forte qu'il n'y refte point d'eau forte deffus ; car fi elle n'étoit pas bien lavée , quand vous
l'auriez fait fécher, le verni paroîtroit tout vert, &
vous empêcheroit de voir l'ouvrage ; après vous
préfenterez ladite planche devant un feu clair , enforte que fans fondre la mixtion qui pourroit y être,
le feu defféche l'eau commune qui fera deffus : cela
fait vous prendrez un petit morceau de charbon
avec lequel vous frotterez fur votre vernis en quelque endroit où il y ait des traits ou hachûres douces ; & fi vous trouvez que l'eau forte ait affez
creufé les douceurs , mettez fondre la Mixtion , &
après avoir pofé vorre planche fur un chevalet de
peintre , ou autre telle chofe , prenez de ladite mixtion avec un pinceau propre à couvrir les lointains
& autres hachûres que vous défirez être tendres &

douces , comme fi vous vouliez peindre , & en mettez fur les endroits que vous ne voulez plus faire creufer , & fur l'endroit que vous avez découvert avec le charbon , & vous fouvenez qu'il faut mettre toujours affez épais de cette mixtion , fur ce que vous défirez couvrir : car il ne fuffiroit pas encore que le pinceau fût gras , de frotter par-deffus les hâchûres : mais il faut couvrir comme quand on peint , en chargeant de couleur , afin que la mixtion entre dans les traits ; & ce fera à cette premiere fois que vous couvrirez les traits & hachûres plus douces & tendres.

Après avoir , fi c'eft en hyver , préfenté un peu votre planche au feu , pour en chaffer toute l'humidité , vous la remettrez fur votre ais , & rejetterez de l'eau forte deffus comme auparavant , durant environ une demie heure , en retournant ladite planche auffi de tems en tems , comme il eft dit ci-devant : cela fait , vous la laverez encore d'eau commune , & la fécherez au feu comme ci-devant , fans faire couler la mixtion (c'eft ce dont il fe faut bien donner garde) car votre befogne courroit rifque d'être gâtée.

Puis votre planche étant féchée , vous la remettrez derechef fur le chevalet , & ferez fondre la fufdite mixtion , & en couvrirez les hachûres & lointains qui fuivent après les plus foibles que vous avez ci-devant couvertes.

J'ai trouvé à propos de faire une planche de plufieurs & diverfes douceurs , afin de mieux faire entendre l'ordre qu'il faut tenir à les couvrir de tems en tems , à ceux qui ne font pas fi avancés dans la connoiffance de cet Art. *Voyez la Planche huitiéme.*

Vous confidérerez donc que ce n'a pas été fans fujet , qu'en difant la maniere de manier vos poin-

tes & échopes, j'ai toujours dit qu'il falloit appuyer
ferme où l'on défiroit que les traits fuffent gros , &
foulager ou alléger la main en approchant des bouts
du trait , & fi ledit trait y doit être délié , ce qui
aide extrêmement à l'Eau forte : par exemple fi
vous avez couvert de mixtion à la premiere fois ,
la partie que la ligne A B C D , contient ou enclôt,
qui fait une maniere d'ovale , & qu'à la feconde
fois vous ayez couvert l'efpace qui eft entre la ligne A B C , & la ligne E O F , & que vous ayez
laiffé creufer l'Eau forte à chacun durant ledit
tems , vous jugez bien que cela doit faire approchant de ce que vous défirez : J'ai mis au haut de
cette planche la forme d'un bras de femme , afin de
vous faire voir à peu près par la ligne ponctuée
a b c d , & par l'autre qui approche plus de l'ombre , comme je couvre d'ordinaire le délié des hachûres à deux reprifes , fuivant les occafions, quoiqu'à celle-ci il fuffiroit d'une.

J'ai voulu mettre auffi enbas à côté quatre petits
morceaux de terraffe , l'un marqué *m m m* , le premier couvert , enfuite celui *n n n* , puis celui *o o o* ,
ne reftant que *p* , qui eft le plus creux & brun.

Mais quelqu'un pourra dire , il femble que fi l'on
avoit fait les hachûres d'une même force avec la
pointe en couvrant après de la façon , l'Eau forte
feroit l'effet défiré : & en cas qu'il y ait quelqu'un
de ce fentiment , je réponds que cela ne feroit pas
fi bien à caufe que l'ouvrage viendroit vifiblement
comme la figure deuxiéme vous montre , laquelle
j'ai faite exprès par cette maniere , où vous voyez
par les féparations 1. 2. 3. 4. les endroits où l'on
a mis de la mixtion , ainfi qu'il fe voit en plufieurs
eftampes de quelques Graveurs à l'Eau forte.

Vous jugez donc bien que par cet appuyement

fort, quand même vous ôteriez le vernis sans y appliquer l'Eau forte, cela feroit un trait comme du Burin, à la réserve qu'il ne seroit pas assez profond pour imprimer noir : or l'Eau forte ayant été jettée dessus un peu de tems, fait que les deux séparations couvertes ne peuvent être sensibles, & la vivacité dont vous avez poussé vos pointes a extrêmement aidé.

Et d'autant qu'en faisant dessecher au feu l'eau dont vous avez lavé votre planche, il pourroit arriver par inadvertance que la mixtion se feroit fondue & coulée dans les hachûres que l'on désire encore faire creuser par l'Eau forte : cela étant il faut en essuyer l'endroit avec un linge doux, puis prendre de la mie de pain rassis & en bien frotter ledit endroit tant que vous jugiez qu'il soit dégraissé ; ledit remede n'est dit ici qu'à une extrêmité, car vous ne sçauriez tellement dégraisser, que cela n'empêche l'Eau forte d'y bien opérer ; c'est pourquoi il faut avoir soin que cela n'arrive.

Et revenant au moyen d'achever de faire creuser la planche que nous avons couverte de la mixtion pour la seconde fois : après cette seconde recouverte, vous remettrez votre planche sur l'ais à l'Eau forte, & en verserez dessus encore une bonne demie heure durant.

Cela fait vous la laverez derechef avec de l'eau commune, & la ferez sécher à l'ordinaire ; puis vous couvrirez de mixtion pour la derniere fois, ce que vous jugerez à propos de couvrir encore : car vous sçavez que c'est selon les desseins & la sorte d'ouvrage dont ils sont composés, qu'il y a plus ou moins d'adoucissemens & de douceurs à faire : & après cela vous reverserez pour la derniere fois de l'Eau forte dessus ; & c'est à cette derniere fois

que vous l'y devez verſer durant plus de tems ;
ſuivant la ſorte de beſogne, par exemple, s'il y a
en votre planche ou deſſein des ombres & hachûres, qu'il ſoit beſoin de faire bien fortes & creu-
ſes, & par conſéquent fort noires, il faut y verſer
de l'Eau forte plus d'une heure durant à cette ſeule derniere fois, & ainſi à proportion des autres
ouvrages : vous conſidererez donc bien que je ne
puis vous preſcrire une régle générale de couvrir
également bien à propos en toutes occaſions ni un
tems précis pour chaque fois qu'il faut jetter de
l'Eau forte, & vous devez bien penſer & juger
que Calot n'a pas tant verſé l'Eau forte ſur ſes petits ouvrages que ſur quelques autres plus grands.
J'ai dit ci-devant comme de tems en tems on peut
découvrir la planche avec le charbon en quelques
endroits, pour voir ſi l'Eau forte a aſſez creuſé ou
non. Jugez donc auſſi des tems durant leſquels
vous avez à jetter l'Eau forte, par la quantité des
ouvrages que vous avez à faire, & quant à cette
derniere bonne heure, je vous avertis que c'eſt
pour faire auſſi noir que quelques planches que j'ai
voulu mettre dans ce Livre, entr'autres le Titre
ou Frontiſpice, & la figure de celui qui jette
l'Eau forte ; m'étant conduit à les faire à peu près
comme j'ai écrit ici ; néanmoins il y faut aller avec
conſidération, tous les Cuivres ni toutes les Eaux
fortes n'ayant pas toujours également la même
qualité & nature l'un que l'autre.

Votre planche ayant donc par exemple eu durant une heure ladite Eau forte deſſus, vous la laverez encore d'eau commune ; mais il ne ſera pas
néceſſaire de la faire ſécher comme auparavant,
quand vous y vouliez rejetter encore de l'Eau
forte, & il ne faut que la mettre toute mouillée

comme elle fera fur le feu, jufqu'à ce que la mixtion que vous avez mife deffus foit toute fondue ;
puis l'effuyer bien fort par l'envers & par l'endroit
avec un linge, de forte qu'il n'y refte plus de ladite
mixtion en aucun endroit.

---

*Moyens dont M. le Clerc fe fervoit pour couler
fon Eau Forte.* Planche neuviéme.

M. le Clerc couloit fon Eau forte d'une maniere
plus fimple & plus aifée : il avoit un baquet
ou caiffe d'une grandeur convenable, dont les
bords étoient d'environ trois à quatre pouces de
hauteur, & d'un bois très-mince, bien affemblé
& calfeutré par le dehors avec des bandes de papier, cette caiffe doit être peinte à l'huile tant dehors que dedans, enforte qu'elle puiffe contenir
l'Eau forte fans être imbibée.

Quand on veut faire mordre l'Eau forte, on
graiffe le deffous de fa planche, & l'ayant pofée
dans le fond de ce baquet on verfe l'Eau forte deffus jufqu'à une hauteur d'une ligne ou deux ; puis
on fait balotter cette caiffe d'un mouvement affez
doux & lent, en faifant paffer & repaffer l'eau forte
pardeffus la planche.

Celui qui fait ce balottement tient la caiffe fur
un de fes genoux, ou fi la caiffe eft grande il la
tient pofée en équilibre fur une table par le moyen
d'un bâton rond & affez gros fur lequel il la balot-
te, & fouvent au lieu d'un bâton il met la premiere chofe qu'il rencontre qui peut faire le même
office.

Si la planche ne se trouve pas bien platte sur le fond du baquet, & que l'Eau forte passe pardessous, il faut la faire joindre avec des épingles ou des petits clous : si la planche est grande & forte, il en faut mettre aussi pour empêcher la planche de se déranger & de glisser hors de sa place, & on a soin de graisser ces épingles ou petits clous avant que de les mettre.

Lorsqu'on a tiré sa planche pour la laver & la remettre ensuite dans l'Eau forte, on la tient panchée dans un évier, & l'on verse doucement de l'eau nette dessus par plusieurs fois, l'expérience ayant appris qu'étant jettée de haut, comme M. Bosse l'enseigne, elle ébranle souvent le vernis, qui ensuite ne résiste pas long-tems à l'Eau forte, de sorte qu'il s'enleve avant que la planche soit assez gravée.

La planche ainsi lavée on la fait égouter un moment, puis l'ayant posée sur la table on étend dessus une feuille de papier brouillard ou de méchante impression, & après avoir tamponné doucement pardessus avec un mouchoir, on leve ce papier doucement, & l'on en remet un autre qui acheve de prendre l'eau de la planche, que le premier auroit pû laisser, ensuite on soutient la planche un instant au-dessus d'un petit feu pour ôter l'humidité qui reste dessus.

Moyen d'ôter le Vernis de dessus la planche après que l'Eau Forte y a fait son effet.

VOus choisirez un charbon de bois de saule bien doux, & sans le faire brûler en ôterez l'écorce, puis en le trempant dans de l'eau com-

mune & nette , & même verſant de ladite eau ſur
la planche , vous frotterez avec ledit charbon ſur
le vernis , toûjours d'un même ſens , comme quand
on polit le cuivre , & cela emportera le vernis ;
ſurtout donnez-vous bien de garde qu'il ne tombe
point de gravier deſſus , ni qu'il y ait des grains ou
nœuds dans le charbon , car cela feroit des rayes
ſur la planche , leſquelles ſeroient difficiles à ôter ,
principalement ſur les choſes tendres & douces ;
ce qui fait que l'on ne prend point de charbon qui
ait ſervi à polir , d'autant qu'il effaceroit les choſes tendres , & celui qui n'eſt pas rebrûlé , ne
mord point ſur le cuivre , ou s'il y mord c'eſt bien
peu.

Quand le vernis eſt tout ôté de deſſus la planche , le cuivre demeure d'une couleur déplaiſante,
à cauſe du feu & de l'eau qui ont agi deſſus ; &
pour lui redonner ſa couleur ordinaire , vous prendrez de l'Eau forte dont les Affineurs & Orfévres ſe ſervent , & même pluſieurs Graveurs à
l'Eau forte , qui travaillent ſur le vernis mol duquel je traiterai ci-après , & ſi elle eſt pure mettez-
y les deux tiers d'eau commune & plus ; puis prenez un petit morceau de linge , & l'ayant trempé
dans ledit mélange , frottez-en tout l'endroit gravé
de votre planche , & vous verrez qu'elle deviendra
belle & nette , & de la couleur ordinaire du Cuivre.

Puis auſſi-tôt prenez un linge ſec & l'eſſuyez
promptement , enſorte qu'il n'y ait plus de ladite
eau deſſus , & après chauffez un peu la planche ,
& verſez-y deſſus un peu d'huile d'olive , & avec
un morceau de feutre de chapeau , ou autre telle
étoffe , frottez-la partout de ladite huile aſſez fermement , & enſuite eſſuyez ladite planche avec

un linge, prenant garde que ce ne foit avec celui qui vous a fervi à effuyer l'eau fufdite des Affineurs.

Alors vous verrez nettement s'il eft befoin de retoucher votre ouvrage au Burin, comme il arrive d'ordinaire que l'on y eft obligé, principalement dans les endroits qui doivent être fort bruns; car vous jugez bien que lorfqu'il y a beaucoup de hachûres l'une fur l'autre, il ne refte gueres de vernis entre deux, & par conféquent il arrive fouvent que l'Eau forte enleve ce peu de vernis, à caufe qu'elle creufe pardeffous lui & met le tout en pâté ou plaque.

Et fi d'avanture vous voyez que cela vous arrive en faifant creufer, vous pouvez couvrir promptement de mixtion ce qui s'éclate, étant plus aifé de le retoucher après au Burin, que quand l'Eau forte y a fait une foffe qui fait une plaque noire d'abord en imprimant; puis après avoir un peu imprimé, ladite plaque paroît blanche, d'autant que le noir ne s'y peut plus tenir attaché.

Ayant donc couvert cette partie de bonne heure, vous n'aurez qu'à rentrer avec le Burin dans les traits & hachûres pour les fortifier, comme on l'enfeignera dans la troifiéme partie, qui traite de la maniere de graver au Burin & de retoucher les Planches.

Fin de la premiere Partie.

MANIERE

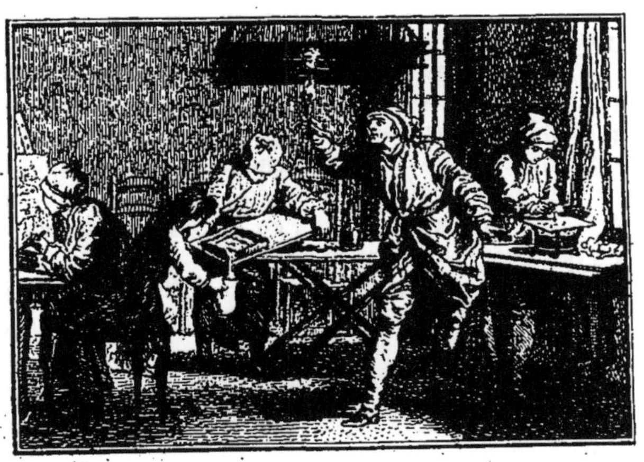

MANIERE
DE GRAVER
A L'EAU FORTE
ET
AU BURIN.

SECONDE PARTIE.

De la Gravûre au Vernis mol.

I. *Compofition du Vernis mol, fuivant M. Boffe.*

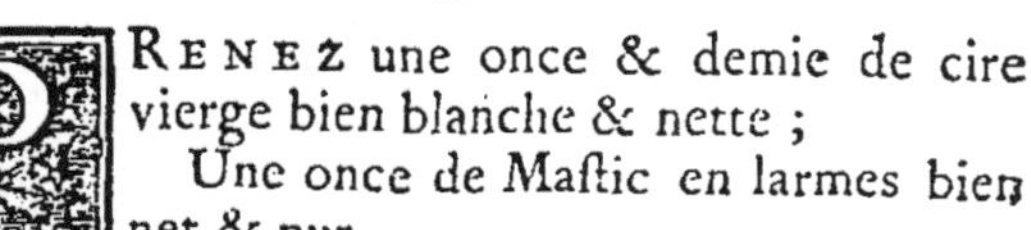

PRENEZ une once & demie de cire vierge bien blanche & nette ;
Une once de Maftic en larmes bien net & pur.
Une demie once de Spalt calciné.

D

Broyez bien menu le Maftic & le Spalt ; faites
fondre au feu votre cire dans un pot de terre bien
plombé ou verni par dedans. Quand elle fera entierement fondue, & bien chaude vous la faupoudrerez dudit Maftic peu à peu, afin qu'il fe fonde
& fe lie mieux avec elle, en le remuant de tems
en tems avec un petit bâton.

Enfuite vous faupoudrerez ce mélange avec le
Spalt comme vous avez fait la Cire avec le Maftic,
en remuant encore le tout fur le feu jufqu'à ce que
le Spalt foit bien fondu & mêlé avec le refte, c'eft
à-dire, environ la moitié d'un demi quart-d'heure.
Puis vous l'ôterez du feu, & le laifferez refroidir.
Et ayant mis de l'eau claire & nette dans un plat,
vous y verferez le vernis, & vous le pétrirez avec
vos mains dans cette eau & en formerez un rouleau d'environ un pouce de diamétre, ou vous en
ferez de petites boules, que vous enveloperez dans
du taffetas, pour fervir comme on dira ci-après.

Il faut en hyver y mettre un peu plus de cire à
caufe qu'il feroit trop fec, la dofe ci-deffus étant
plus convenable pour l'été.

II. *Vernis blanc de Rimbrant.*

Prenez une once de Cire vierge,
Une demie once de Maftic,
Une demie once de Spalt calciné, ou d'Ambre.
Broyez féparément le maftic & le fpalt dans un
mortier : ayez un pot neuf de terre verniffée, mettez-y la cire & faites-la fondre fur le feu, après
quoi vous y verferez petit à petit le maftic & le
fpalt, remuant toujours jufqu'à ce que le tout foit
bien mêlé. Enfuite vous le renverferez dans de l'eau

claire, & en ferez une boule, que vous conserve-
rez pour vous servir dans l'occasion.

Vous aurez surtout attention à deux choses;
1°. De ne point trop chauffer la planche quand
vous mettrez le vernis dessus. 2°. De coucher ce
premier vernis le moins épais qu'il sera possible,
afin de pouvoir ensuite y passer le vernis blanc par-
dessus, sans qu'il fasse une épaisseur considérable;
3°. De ne point noircir ce vernis à la fumée comme on fait au vernis ordinaire, mais quand il sera
tout-à-fait refroidi, il faut broyer un morceau de
blanc de céruse extrêmement fin, & délayer cette
poudre assez claire dans de l'eau gommée, puis
avec un pinceau en passer une couche fort mince
& bien égale par toute la planche. C'est la maniere
dont Rimbrant vernissoit ses planches.

III. *Vernis mol tiré d'un manuscrit de Callot.*

- Prenez un demi quarteron de Cire vierge;
  Un demi quarteron d'Ambre, ou du meilleur
    Spalt calciné,
  Un demi quarteron de Mastic, si c'est pour travailler dans l'été, parce qu'il durcit le vernis, &
le préserve d'accident quand on s'appuye dessus en
gravant. Si c'est pour l'hyver, vous n'y en mettrez
qu'une once, ou même point du tout;
  Prenez aussi une once de poix raisine;
  Une once de poix commune, ou poix de Cor-
    donnier;
  Une demie once de vernis, ou de Thérébentine;
  Ayant apprêté toutes ces matieres, prenez un
pot de terre neuf, & mettez-le sur le feu avec la
cire vierge; quand elle sera fondue mettez-y petit

à petit vos poix, & enfuite les poudres, remuant
toujours à mefure que vous les y verfez. Lorfqu'elles feront fuffifamment fondues & mêlées enfemble
ôtez le pot du feu, & renverfez le tout dans une
terrine pleine d'eau claire. Vous en ferez des boules en pétriffant avec vos mains, que vous confer-
verez dans une boëte à l'abri de la pouffiere.

IV. *Autre Vernis mol, traduit d'un Livre Anglois.*

Prenez un quarteron de Cire vierge,
Un demi quarteron de Spalt,
Une once d'Ambre,
Une once de Maftic.
La préparation eft la même que ci-deffus : on
prendra garde que le feu ne foit point trop ardent,
car le vernis pourroit brûler. Ce vernis n'eft bon
que pour l'été, & feroit trop dur pour l'hyver.

V. *Excellent Vernis mol dont plufieurs Gra-veurs de Paris fe fervent préfentement.*

Prenez une once de Cire vierge,
Une once de Spalt, ou poix grecque,
Une demie once de poix noire,
Un quart d'once de poix de Bourgogne :
Il faut broyer le fpalt dans un mortier, faire
fondre la cire fur un feu doux dans un poëlon de
terre verniffée, & y mettre enfuite les autres in-
grédiens peu à peu, en remuant à mefure avec un
petit bâton jufqu'à ce que le tout foit fondu & bien
incorporé, & ayant bien attention de ne point le
laiffer brûler. Après cela on jettera tout ce mêlange dans une terrine pleine d'eau fraîche, on la pé-

trira avec les mains pour en former de petites boules, qu'on enveloppera de taffetas fort & neuf,
qui serviront comme on dira ci-après.

VI. *Vernis de M. T.*

Prenez deux onces & demi de cire vierge,
Trois onces de poix de Bourgogne,
Demie once de poix raisine,
Deux onces de Spalt,
Pour un sol de Thérébentine.
Ce vernis est très-bon, & éprouvé. La prépa-
ration est la même que celles que nous avons déja
décrites.

VII. *Autre Vernis mol.*

Prenez deux onces de Cire vierge,
Deux onces de Spalt calciné,
Demie once de poix noire,
Demie once de poix de Bourgogne,
Pour l'été, on y ajoutera une demie once de
Colofone, poix raisine, ou Arcanson ; en hyver
il n'en faut point mettre du tout.
Il faut faire fondre la cire & les poix dans un pot
de terre neuf bien plombé, ensuite y mettre peu à
peu le spalt broyé, & toujours remuer, jusqu'à ce
que le tout soit bien lié ensemble. On le jettera
dans de l'eau tiéde bien nette, & on le pétrira
avec les mains pour le mieux mêler. On prendra
garde de ne pas avoir les mains suantes, car cela
gâteroit le vernis.
On aura attention à choisir la poix de Bourgogne
bien nettoyée, & à tourner bien vîte pour remuer
les drogues en y mettant le spalt. Après qu'elles

auront mitonnées fur le feu pendant un quart d'heure, il faut y mettre la Colofone ou Arcanfon, &
toujours remuer avec un bâton. Pour voir fi le
vernis eft affez cuit, il faut en enlever avec le bâton, & prendre garde s'il file bien. Alors on le
laiffera un peu refroidir, puis on le jettera dans
l'eau tiéde comme on vient de dire, pour le pétrir
& en faire des boules.

VIII. *Vernis mol d'un très-habile Graveur moderne.*

Faites fondre dans un vafe neuf de terre vernie,
deux onces de cire vierge, demie once de poix
noire, & demie once de poix de Bourgogne. Il
faut y ajouter peu à peu deux onces de Spalt, que
l'on aura réduit en poudre très-fine.

Laiffez cuire le tout jufqu'à ce qu'en ayant fait
tomber une goute fur une affiete, cette goute
étant bien refroidie puiffe fe rompre en la pliant
trois ou quatre fois entre les doigts. Alors le vernis eft affez cuit, il faut le retirer du feu, le laiffer
un peu refroidir, puis le verfer dans de l'eau tiéde
afin de pouvoir le manier facilement, & en faire de
petites boules que l'on enveloppera dans du taffetas
neuf, pour l'ufage.

Il faut obferver, 1°. que le feu ne foit point trop
violent de crainte que les ingrediens ne brûlent,
il fuffit qu'il produife un petit friffonnement. 2°. que
pendant que l'on met le Spalt & même après l'y
avoir mis, il faut remuer continuellement les drogues avec une fpatule. 3°. Que l'eau dans laquelle
on verfera cette compofition foit à peu près du même dégré de chaleur que les drogues même, afin
d'éviter un certain petillement qui arrive lorfqu'elle
eft trop froide.

Le vernis doit être plus dur en été qu'en hyver,
& il le fera fi on le laiffe cuire davantage, ou fi
l'on y met une plus forte dofe de fpalt, ou un peu
de poix raifine. L'experience ci-deffus de la goute
refroidie déterminera le degré de dureté ou de moleffe convenable au tems où l'on s'en doit fervir.

Maniere d'appliquer le Vernis mol fur la planche.

Votre planche étant bien polie & ayant paffé
le bruniffoir partout, comme on l'a dit à la
page 12, après avoir dégraiffé le cuivre avec de la
craye ou blanc d'Efpagne, vous prendrez du vernis mol bien enveloppé d'un taffetas neuf, qui ne
foit ni gras ni fale : il faut qu'il foit bon & fort de
crainte qu'il n'ait quelque endroit foible ou ufé qui
laifferoit fortir le vernis avec trop d'abondance.
Vous mettrez enfuite votre planche fur un rechaud
dans lequel il y ait un feu médiocre, obfervant que
pour tenir la planche fans fe brûler on fe fert d'un
petit étau, & quelquefois de deux, ou même de
quatre (comme on le verra ci-après) quand la
planche eft grande. On les attache fur le bord en
quelqu'endroit où il ne doit point y avoir de gravûre : on laiffe la planche fur le feu jufqu'à ce qu'elle
foit affez chaude, pour qu'en appuyant le vernis
deffus il puiffe fe fondre & paffer au travers de fon
enveloppe, alors vous prendrez votre vernis ainfi
enveloppé & en frotterez la planche tandis qu'elle
eft chaude en le conduifant légerement d'un bout
à l'autre en ligne droite, vous en ferez plufieurs
bandes paralleles, jufqu'à ce que votre planche en

soit médiocrement couverte partout. Après cela
vous aurez un espece de tampon, fait avec du coton enveloppé de taffetas neuf, avec lequel on
tappe légerement sur toute la planche tandis que
le vernis est encore coulant. Pour l'unir encore
mieux, & lui donner un grain plus fin, on retire
un instant la planche du feu & l'on continue de tap-
per partout avec le tampon, pendant qu'il prend
un peu plus de consistance en se réfroidissant. Il ne
faut pourtant pas trop laisser refroidir le vernis, car
alors le tampon l'enleveroit de dessus la planche.
On rechauffe ensuite le cuivre, afin que le vernis soit coulant quand on voudra le noircir, prenant bien garde qu'il ne vienne à brûler, ce que l'on
apperçoit aisément quand on voit qu'il fume, ou
qu'il se met en petits grumeaux qui ressemblent à
des ordures.

Maniere de noircir le Vernis mol.

QUand vous aurez ainsi étendu uniment & dé-
licatement le vernis sur votre planche, vous
le noircirez avec un bout de flambeau ou de la grosse bougie jaune qui jette beaucoup de fumée ; on la
met en deux ou en quatre pour faire une plus grosse
flamme, afin d'aller plus vîte, & de ne pas laisser
refroidir le vernis, si cela se peut, tandis qu'on le
noircit. Pour plus grande commodité, après avoir
enfoncé dans le plafonds ou plancher de la chambre un fort crampon, on y passe quatre bouts de
corde d'égale longueur au bout desquelles on attache quatre anneaux de fer d'environ trois pouces
de diametre : on passe les quatre étaux qui tiennent

aux quatre coins du cuivre dans ces quatre anneaux,
& le cuivre se trouvant ainsi suspendu en l'air, le
côté verni en dessous, on peut alors le noircir à
son aise. Ceci est seulement pour les grandes planches que l'on auroit beaucoup de peine à soutenir
long-tems, sans cette invention. On prendra garde
de ne pas approcher de trop près la bougie en la
passant sous la planche de peur que le lumignon ne
vienne à toucher le vernis, ce qui le saliroit & lui
feroit des rayes. Si l'on s'apperçoit que le noir de
la fumée n'a point pénétré le vernis, il faut remettre un peu la planche sur le rechaud, & on verra
alors à mesure que la planche s'échauffera, le vernis
se fondre & s'incorporer avec le noir qui paroissoit
dessus, de façon qu'il le pénétrera partout également-
ment.

On doit surtout être soigneux dans ces opérations d'avoir toujours un feu modéré & de remuer
souvent la planche & la changer de place afin que
le vernis fonde partout avec égalité, & qu'il ne
brûle pas. Il faut aussi bien prendre garde qu'il
n'aille pendant tout ce tems, & jusqu'à ce que la
planche soit entierement refroidie, aucune ordure,
flaméche ni poussiere sur votre vernis, car elles s'y
attacheroient, & gâteroient votre ouvrage.

De la façon de calquer son trait sur le Vernis.

IL y a plusieurs façon de calquer son trait sur le
vernis. Si c'est un tableau ou dessein qu'on veuille graver de la même grandeur & de même sens
sur le cuivre, de façon que l'estampe viendra à rebours ou à contre-sens du dessein, on attache dessus

un papier fin verni avec du vernis de Venife bien
fec & tranfparent, on marque fur ce papier les
traits de l'original qu'on voit au travers, avec un
crayon de fanguine, & l'on calque enfuite ces mêmes traits fur la planche vernie en mettant entre
deux un papier blanc dont le côté qui regarde le
cuivre eft rougi avec de la fanguine, de forte qu'en
paffant une pointe à calquer fur tous ces traits, ils
fe marquent à mefure en rouge fur le vernis. Cela
fe pratique de même qu'au vernis dur, excepté qu'il
ne faut pas tant appuyer, parce que cela feroit attacher le papier rougi au vernis, & pourroit le gâter. On peut auffi frotter ce papier avec de la mine
de plomb au lieu de fanguine, & les traits qu'elle
fera fur le vernis paroîtront blancs.

Maniere de contr'épreuver le trait fur le cui-
vre verni.

APrès avoir pris le trait en papier verni comme
nous venons de le dire avec de la fanguine
très-tendre, ou bien avec une encre rouge faite de
la fanguine délayée dans de l'eau, on prend un papier blanc de même grandeur que le trait & trempé de la veille comme pour imprimer une eftampe,
& l'on mouille ce trait par derriere avec une éponge un peu humeétée, prenant garde qu'il n'aille
point d'eau fur le côté deffiné, ce qui empêcheroit
le crayon de contr'épreuver. Le trait étant ainfi
humeété, l'on prend un cuivre au moins auffi grand
que ce trait, afin qu'en le pofant deffus, le papier
ne déborde pas. On place ce cuivre à plat fur la
table de la preffe & l'on a foin de le couvrir d'un

papier propre & humecté pour empêcher qu'il ne
salisse le trait. On pose ensuite ce trait sur le cuivre de façon que le côté dessiné soit dessus, & on
le couvre du papier blanc qu'on a préparé pour en
recevoir la contr'épreuve, & ayant mis par-dessus
quelques maculatures ou feuilles de papier gris aussi
humectées, on pose doucement sur le tout plusieurs
langes (comme on le verra par la suite en parlant
de la façon d'imprimer) & on le fait passer sous la
presse suffisamment chargée : on peut même passer
& repasser le tout à plusieurs fois de suite pour que
la contr'épreuve en soit plus forte : cela fait, en découvrant votre trait, vous verrez qu'il a marqué
sur le papier blanc. Vous repasserez tout de suite
sur le cuivre verni ce papier fraîchement décalqué,
sans lui donner le tems de sécher, car il ne pourroit plus contr'épreuver. La presse doit alors être
bien serrée, & il faut la tourner lentement & bien
également, afin que le crayon marque mieux sur
le vernis : on ne passe la planche qu'une fois de peur
que les traits ne se doublent ; enfin cette opération
faite, vous trouverez votre trait contr'épreuvé sur
le cuivre du même sens qu'il étoit dessiné sur le
trait & que le tableau original, mais avec beaucoup plus d'esprit qu'on ne pourroit faire en cal-
quant à la pointe.

Pour placer bien juste sur son cuivre le papier
contr'épreuvé, on doit avoir eu soin de marquer
auparavant sur son trait avec des lignes fortes &
faciles à décalquer, les quatre milieux des quatre
côtés du trait dessiné, ce qui se fait en tirant au
travers de ce trait deux lignes qui s'entre-coupent
à angles droits sur la hauteur & sur la largeur. On
marquera en même tems sur le bord du cuivre verni avec un trait de pointe les quatre milieux des

quatre côtés ; ceux qui font fur le trait ayant contr'épreuvé fur le papier blanc avec le refte du deffein , on les perce avec une épingle, afin qu'en plaçant ce papier enfuite fur le cuivre , on puiffe voir
parderriere où font ces milieux & les mettre vis-à-
vis de ceux qu'on a marqué fur cette planche. On
attache cette contr'épreuve fur les bords du cuivre avec très-peu de cire de peur qu'en s'écrafant
fous la preffe , elle ne s'étende fur des endroits qui
doivent être gravés.

Quand on veut graver plus en petit que l'original, on trace légerement avec un crayon fur tout le
tableau ou deffein certain nombre de carreaux , &
l'on en met le même nombre fur fon papier , les faifant plus petit à proportion que l'on veut réduire
fon original. Enfuite l'on deffine fon trait à vûe
d'œil , prenant garde de placer chaque partie de
l'original dans le carreau qui lui répond fur votre papier. C'eft ce qu'on appelle *réduire aux carreaux*.

M. Langlois , faifeur d'inftrumens de Mathématiques, célébre par fa grande capacité, a inventé
& perfectionné une efpece de machine extrêmement commode pour réduire les deffeins de grand
en petit , & de petit en grand , & pour les copier
fans fçavoir deffiner. Cet inftrument s'appelle *le
Singe* , à caufe de la propriété qu'il a d'imiter toutes fortes de tableaux & deffeins ; ceux qui ne fça-
vent pas beaucoup deffiner fe ferviront avec fuccès de cet inftrument.

On peut auffi avoir recours au Livre intitulé *les
Régles du Deffein & du Lavis* , où l'on trouvera
plufieurs inventions pour copier & réduire des
deffeins , & beaucoup de détails fur le deffein , les
crayons , & les couleurs , qui ne feront point inu-

tils aux Artiftes. On en vient de faire une nouvelle
édition augmentée confidérablement, qui fe vend
chez le même Libraire qui a imprimé celui-ci.

S'il eft néceffaire que l'eftampe vienne du même
fens que le tableau ou deffein original, ce qu'on
eft obligé de faire quand il y a des actions qui doivent fe faire de la main droite & qui viendroient à
gauche fur l'eftampe, fi l'on gravoit fur le cuivre
du même fens que l'original, alors il faut contr'-
épreuver tout de fuite fon trait fur le cuivre fans le
faire d'abord décalquer fur un papier blanc, comme
on l'a dit ci-deffus, & l'on peut en ce cas deffiner
ce trait avec de la mine de plomb qui marquera
affez fur le vernis, mais qui ne le feroit pas fi bien
fur le papier, & qui d'ailleurs ne pourroit contr'-
épreuver deux fois. De cette façon l'eftampe viendra du même fens que le tableau, mais on eft obligé alors de graver au miroir, comme nous l'expli-
querons ci-après. Si l'on veut faire le même en cal-
quant fon trait fur la planche fans être obligé de la
contr'épreuver, il faut le deffiner fur du papier verni & retourner ce papier de façon que le côté deffiné regarde la planche, & ayant mis entre deux,
comme ci-deffus, un papier rougi par derriere avec
de la fanguine, on calque fon trait ainfi retourné
dans un fens contraire, afin qu'il vienne du bon
fens fur l'eftampe.

Pour graver au miroir, quand le trait eft décalqué fur le cuivre dans le fens oppofé à l'original,
il faut préfenter le tableau ou deffein devant un miroir, & le placer entre vous & le miroir de façon
qu'il vous tourne le dos, & qu'il regarde la glace,
alors vous l'y verrez du même fens qu'il eft marqué fur le cuivre. Au furplus ceci ne fe pratique
que quand on grave du petit, car cela deviendroit

trop incommode quand il s'agit de quelque tableau ou deſſein un peu grand.

De quelque façon qu'on s'y ſoit pris, d'abord que le trait eſt marqué ſur le vernis, il faut le *refondre* pour empêcher que ce trait ne s'efface. Cela ſe fait en chauffant ſa planche avec du papier que l'on brûle deſſous, & remuant de tems en tems le cuivre pour qu'il ne chauffe pas plus en un endroit qu'en l'autre, & que le vernis ne brûle point. Quand on le voit fondu également partout on retire la planche, & on la laiſſe refroidir.

On travaille ſur le vernis mol avec les mêmes pointes dont j'ai parlé ci-devant à l'occaſion du vernis dur, à la réſerve des pointes en échoppe dont pluſieurs qui gravent au vernis mol ne peuvent ſe ſervir, quoiqu'elles ſoient cependant très-commodes principalement pour graver de l'Architecture. On laiſſe au choix des Graveurs de s'en ſervir ou non, ſuivant ce qu'ils trouveront leur être plus commodes.

Remarques ſur les Pointes & Echoppes.

CE que M. Boſſe a dit ci-devant page 20 à l'occaſion des pointes qui ſervent à graver au vernis dur, demande un peu d'explication. Quoiqu'on pourroit ſe ſervir, comme il le dit, d'éguilles à coudre, les meilleures ſont faites avec des bouts de Burin uſés que le Coutelier accommode pour cet uſage, il faut du moins ſe ſervir de ces groſſes quand on grave quelque choſe de grand. Les Quincailliers en vendent de toutes faites, auſſi bien que des manches pour s'en ſervir. Ces man-

ches font de petits bâtons tournés garnis par le
bout de longues viroles de cuivre creufes, qu'on
emplit de cire d'Efpagne fondue, & l'on y fait entrer les éguilles pendant qu'elle eft encore chaude.
Quand à force de s'en fervir elles font devenues
trop courtes, il n'y a qu'à chauffer la virole jufqu'à
ce que la cire s'amolliffe, & en retirant les pointes,
on les allongera comme on voudra. Il faut en avoir
plufieurs de trois ou quatre groffeurs différentes,
qui iront en groffiffant jufqu'à l'échoppe qui fera la
plus groffe. On leur éguife d'abord la pointe longue & également fine à tous, l'on ufe enfuite par le
bout celles que l'on veut faire un peu plus groffes,
& l'on y fait une pointe plus ou moins courte fuivant l'inclinaifon avec laquelle on tient le manche
en les éguifant, & felon qu'on veut les rendre plus
ou moins groffes. Par ce moyen elles mordront
toutes un peu dans le cuivre, & ne vous empêche-
ront pas par leur groffeur de bien voir l'endroit où
vous les placez, ce qui eft de conféquence, furtout
quand on grave du petit. Comme il eft difficile de
leurs faire une pointe parfaitement ronde, on a ima-
giné de faire au bout de la pierre à éguifer un efpece de petit canal dans lequel on les éguife en allant
& venant le long de ce canal, & en tournant en
même tems le manche entre fes doigts.

L'ufage de l'échoppe au vernis mol eft fort bon
pour les chofes qui doivent être gravées d'une maniere brute, comme les terreins, troncs d'arbres,
murailles, &c. qui demandent de la force avec un
travail grignoté, comme nous le dirons cy-après.
On remarquera ici que quoique cet outil ne femble
propre qu'à faire de gros traits, on peut néanmoins
s'en fervir auffi pour faire les traits plus fins & déliés, en le tenant fur le côté où il eft le plus étroit :

& si l'on avoit bien la pratique de l'échoppe, on pourroit facilement préparer entierement à l'eau forte une planche, en la tournant plus ou moins, suivant la grosseur des traits qu'on voudroit faire.

On doit avoir beaucoup d'attention à conserver le vernis mol sur la planche, car il est fort facile à froisser & à rayer pour peu qu'on le frotte ou qu'on le touche avec quelque chose de dur. Il y a plusieurs façons de le conserver. On peut par exemple, avoir un espece de pupiltre sur lequel on pose sa planche, attacher deux tasseaux sur les bords du pupiltre des deux côtés de la planche, & mettre en travers plusieurs ais minces & étroits dont les deux bouts posent sur ces tasseaux, & sur lesquels on s'appuye pour travailler. On peut couvrir de cette maniere toute sa planche, & ne découvrir que l'endroit où l'on veut graver, à mesure qu'il en est besoin.

Il y en a d'autres qui travaillent en dressant leur planche sur une espece de chevalet, à la façon des Peintres. J'approuverois assez cette maniere, mais peu de personnes pourroient s'y accoûtumer. Pour moi je mets sur ma table dressée en pupiltre une feuille de papier propre, blanc ou gris, il n'importe; je pose ma planche dessus, puis j'ai un linge ou serviette sans ourlet, de toile ouvrée ou damassée, & qui ait déja bien servie, afin qu'elle soit plus mollette, je la plie en trois ou quatre doubles, & je la pose ainsi pliée bien uniment sur mon vernis; ce linge sert à poser ma main en travaillant, comme les feuilles de papier pour le vernis dur : cette maniere est fort commode : on peut au lieu de linge se servir d'une peau de mouton passée en huile, & mettre le côté le plus doux sur le vernis. Quand on quitte le travail on recouvre toute la Planche avec

cette

cette peau, pour empêcher les ordures de falir la planche, & la préferver d'accidens. Ce qu'il y a de plus à craindre, est de s'appuyer trop deffus, à caufe des boutons qui fe trouvent aux manches de la veste ou de la chemife qui peuvent en s'appuyant fouler & gâter le vernis ; c'est pourquoi ceux qui travailleront de cette façon ne feront pas mal de ne point avoir de boutons à leur manche, ou du moins d'y prendre garde.

S'il arrivoit que le vernis fe fut rayé par accident en quelque endroit de la planche, il faut prendre du vernis de Venife, vulgairement appellé vernis de Peintre, avec un petit pinceau, & le délayer avec un peu de noir de fumée, & de cette mixtion en couvrir les rayes, écorchures, ou faux traits que l'on pourroit avoir faites. Cette invention qui étoit inconnue à M. Boffe, est extrêmement utile, parce que l'on peut graver par-deffus, & que l'Eau forte y mord auffi nettement que dans le reste de la planche. C'est pourquoi s'il arrivoit qu'on eut fait quelque faute, ou rangé des tailles ou hachûres dans un fens qui ne plaife plus, on peut les couvrir avec ce vernis ou mixtion, & lorfqu'il est féché, regraver par-deffus : ce qu'on pourroit réïterer plufieurs fois au même endroit. Il ne faut pas que ce vernis foit trop vieux, parce qu'en vieilliffant il s'épaiffit trop & ne couvre pas fi uniment ce qu'on veut effacer. Quand on vient de couvrir avec ce vernis quelque endroit de la planche, on doit prendre garde de ne point appuyer deffus le linge ou la peau qu'on a fous fa main en gravant, jufqu'à ce que le vernis foit bien fec, de crainte qu'il ne s'enleve, ou bien qu'il ne s'y attache quelque poil qui empêcheroit qu'on n'y pût regraver proprement.

Surtout foyez foigneux qu'il n'aille aucune ordu-

re fur votre vernis , & lorfqu’on gravant vous em-
porterez du vernis & du cuivre,il faut avoir foin de
l’ôter avec un gros pinceau de poil de gris en épouf-
fetant légerement avec deffus la planche , & fouve-
nez-vous qu’il y a beaucoup plus d’attention à avoir
pour conferver le vernis mol,qu’au vernis dur. C’eft
ce qui l’avoit fait abandonner à M. Boffe, principalement aux ouvrages de longue haleine; outre cela,
il eft bien plus facile de faire des hachûres tournantes hardiment pouffées fur le vernis dur, que fur le
mol : parce que la dureté du vernis tient la pointe
comme engagée, ce qui fait faire les traits plus
franchement tranchés & mieux imitans la fermeté
& netteté du Burin. De plus, vous avez toujours à
craindre que quelqu’un ne vienne à toucher à votre
planche, à moins qu’il ne foit au fait, ou qu’il ne
tombe deffus de l’huile, du fuif, beure ou autre
chofe graffe, car il n’y auroit point de remede : au
lieu qu’au vernis dur le linge & de la mie de pain
en viennent à bout dans une néceffité.

Si le vernis s’écaille en travaillant, c’eft-à-dire,
s’il ne fe coupe pas proprement, & s’il laiffe échapper quelques petits éclats, comme cela arrive dans
l’hiver, c’eft une marque qu’il eft trop fec. Alors il
faut couvrir ces éclats avec du vernis de Venife &
du noir de fumée comme on vient de le dire, &
mettre entre la table & l’ais fur lequel eft pofée la
planche que l’on grave, un petit feu de cendre
chaude, pour l’entretenir plus mollet & plus liant.

A l’égard de ceux qui travaillent fur le vernis
mol, la planche étant pofée fur un chevalet, ils ne
courent pas tant de rifque de le froiffer, & ne font
pas obligés d’épouffetter fi fouvent leur planche,
parce que la planche étant prefque d’aplomb, les
petits éclats du vernis que l’on enleve en gravant,

tombent d'eux-mêmes en bas. Ce chevalet est le
même que ceux dont les Peintres se servent, la différence est que celui-ci tient un pinceau au lieu que
le Graveur tient une pointe : il faut seulement que
le Graveur ait soin d'arrêter sa planche bien ferme,
principalement lorsqu'il est obligé d'appuyer fort
pour faire de gros traits. On dit que c'est de cette
maniere que Callot travailloit sur le vernis dur, afin
que sa santé en fut moins altérée, croyant que d'ê-
tre un peu panché, cela lui étoit nuisible.

Principes de la Gravûre à l'Eau Forte, né-cessaires à ceux qui veulent se perfection-ner dans cet Art.

Après tous les préparatifs que le sieur Bosse
vient de détailler sur la maniere de graver au
vernis dur, & au vernis mol qui est présentement
le plus en usage, il ne sera pas hors de propos d'y
ajouter une espece de théorie qui puisse faciliter aux
Commençans les moyens de se perfectionner dans
cet Art. C'est ce qui nous a engagé à joindre ici
quelques principes nécessaires à ceux qui désirent
faire leur talent principal de la Gravûre, & apprendre à préparer une Eau forte avec goût & de façon
qu'elle se puisse aisément retoucher au Burin : ceux
qui ne sont point à portée d'avoir facilement de
bons Maîtres trouveront ici dequoi y suppléer, &
ceux qui en ont, liront avec fruit cet ouvrage qui
leur remettra devant les yeux les leçons qu'on leurs
aura données, & qui s'échappent aisément de la
mémoire. A l'égard de ceux qui gravent pour leur

plaifir & qui veulent laiffer leur planches dans l'é-
tat ou l'Eau forte les met, quoiqu'il femble qu'ils
puiffent graver avec plus de licence, ils y trouveront néanmoins des régles générales, qu'il leur eft
effentiel de fçavoir, & dont il eft bon de ne fe
point écarter.

Nous fuppofons que la planche eft toute préparée & que l'on a eu foin de calquer fon trait fur le
vernis, & d'y marquer auffi la terminaifon des ombres & des demi-teintes : il ne faut pas négliger de
faire ce calque foi-même, afin qu'il foit le plus cor-
rect qu'il eft poffible. Car quoiqu'il foit facile de le
corriger en gravant, il vaut beaucoup mieux en
être fûr, pour ne point avoir à tâtonner : d'ailleurs
n'échappe-t'il pas affez de fautes involontaires malgré les foins que l'on prend, fans s'expofer encore
à en faire par fa négligence ?

La Gravûre diffère du Deffein, en ce que dans
celui-ci on commence par préparer des ombres
douces, & frapper enfuite les touches pardeffus :
au lieu que dans la Gravûre on met les touches d'a-
bord, après quoi on les accompagne d'ombres,
parce qu'on ne rentre point les tailles au vernis mol
qui n'a point affez de réfiftance pour affûrer la
pointe & faire qu'elle ne forte point du trait déja
fait. Il n'eft point néceffaire de deffiner par tout à
la pointe le trait de ce qu'on veut graver, avant
de l'ombrer, parce qu'il pourroit fe trouver dans
la fuite de l'ouvrage, qu'on auroit tracé des endroits
où il n'étoit pas à propos de le faire ; on peut donc
tracer par petites parties à mefure qu'il en eft befoin pour y placer les ombres en marquant les principales touches, & enfuite deffiner le côté du jour
avec une pointe très-fine, ou même avec de petits points fi ce font des chairs, ne formant de traits

que dans les endroits qui doivent être un peu plus
reſſentis. Il faut auſſi accompagner ces traits , ſoit
de quelques points ſi c'eſt de la chair , ſoit de quelques tailles ou hachûres ſi ce ſont des draperies ,
afin qu'ils ne ſoit point maigres & ſecs étans tout
ſeuls. La Gravûre n'eſt déja que trop ſéche par elle
même à cauſe de la néceſſité où l'on eſt de laiſſer
du blanc entre les tailles : c'eſt pourquoi il faut toujours avoir dans l'eſprit de chercher la maniere la
plus graſſe qu'il eſt poſſible. Comme on ne peut pas
faire un trait gras & épais qui ne ſoit en même tems
très-noir , pour imiter le moëlleux du pinceau ou
crayon qui les fait larges & neanmoins tendres , on
eſt obligé de ſe ſervir de pluſieurs traits legers l'un
à côté de l'autre , ou de points tendres pour accompagner ce qui eſt tracé d'une petite épaiſſeur d'ombre qui l'adouciſſe. Il faut obſerver la même choſe
dans les touches des ombres , & avoir ſoin que les
tailles du milieu d'une touche ſoyent plus appuyées
que celles des extrémités ; on gravera enſuite les
ombres par des hachûres rangées avec égalité.

La Gravûre pouvant être regardée comme une
façon de peindre ou deſſiner avec des hachûres , la
meilleure maniere & la plus naturelle de prendre
ſes tailles eſt d'imiter la touche du pinceau , ſi c'eſt
un tableau que l'on copie : or il n'y a gueres de tableau qui ſoit fait avec art , où l'on ne découvre le
maniement du pinceau. Si c'eſt un deſſein , il faut
les prendre du ſens dont on hacheroit ſi on le co-
pioit au crayon. Ceci eſt ſeulement pour la premiere taille : à l'égard de la ſeconde , il faut la paſſer
pardeſſus de maniere qu'elle aſſure bien les formes
conjointement avec la premiere , & par ſon ſecours
fortifier les ombres & en arrêter les bords d'une
maniere un peu méplate , c'eſt-à-dire , un peu tran-

chée & fans adouciſſement. Il ne faut point la continuer dans les reflets, lorſqu'ils ſont tendres, mais
les laiſſer un peu plus clairs qu'ils ne doivent être
lorſque la planche ſera finie, réſervant au Burin
qui doit terminer l'ouvrage le ſoin d'allonger cette
taille pour aſſourdir les reflets, & leurs ôter le
tranſparent qui les rendroit trop ſemblables aux
Ouvrages qui ſont dans les lumieres. Si l'ombre
étoit très-forte & le reflet auſſi, alors il faudroit la
graver à deux tailles avec une groſſe pointe, & le
reflet de même à deux tailles, mais avec une pointe plus fine.

Des premieres, ſecondes, & troiſiémes Tailles.

ON doit obſerver de faire la premiere taille forte
& nourrie & ſerrée, la ſeconde un peu plus déliée, & plus écartée, & la troiſiéme encore plus fine & plus large ou écartée, ce qui ſe peut faire avec
la même pointe en appuyant plus ou moins, ou bien
en changeant de pointes de différentes groſſeur, ſi
la partie que l'on grave doit être d'un ouvrage pur
& d'une belle couleur. Lorſque les doubles ou tri-
ples tailles ſont à peu près d'égale groſſeur, elles
produiſent une couleur matte & péſante qui n'attire
point l'œil; au contraire lorſqu'elles ſont inégales
entr'elles, elles font un plus beau travail, & convenable dans les parties qui reçoivent la lumiere,
dans les linges, étoffes précieuſes, &c. La premiere
taille ne doit point être roide, elle eſt pour former;
la ſeconde en quelque ſorte pour peindre, & interrompre la premiere, & la troiſiéme pour ſalir &

facrifier certaines chofes, afin que l'ouvrage ne foit point partout d'une égale beauté ; elle fert auffi pour empâter les ombres fortes, qui fans cela pourroient être d'une propreté trop féche, mais il faut en ufer avec difcrétion. Si la premiere & la feconde font quarrées, la troifiéme doit être lozange fur l'une des deux , & au contraire quarrée fur l'une des deux fi elles font lozanges, de façon qu'elle foit toujours lozange fur l'une & quarrée fur l'autre, cela produit un grain très-moëlleux & de fort bon goût. On ne met gueres ou même point du tout de troifiéme à l'Eau forte, parce qu'il faut laiffer quelque chofe à faire au Burin, afin que l'Eftampe devienne d'une couleur agréable : de plus il arrive fouvent que l'Eau forte y mord trop , & la rend trop noire , c'eft pourquoi nous ne parlerons ici que des deux premieres.

Des Chairs d'hommes & de femmes.

IL faut paffer la feconde taille plus ou moins lozange fur la premiere felon la nature & le caractere des chofes que l'on grave ; les chairs, par exemple , doivent être demi lozange, afin que la troifiéme venant à les terminer, y faffe un heureux effet , ce qu'elle ne feroit pas fur des hachûres quarrées. On ne doit pas cependant y outrer le lozange , parce que les angles ou ils fe joignent deviendroient trop noirs , l'Eau forte y agiffant plus qu'ailleurs ; cela produiroit une Gravûre brute & trop falie par la quantité de troifiémes ou de points qu'il faudroit y mettre dans les carreaux pour en faire des tons unis. Car en gravant

à l'Eau forte, on ne doit jamais perdre de vûe la
façon dont le Burin doit la terminer, & il faut prévoir dès le commencement l'effet que fera le travail qu'on a deffein d'y joindre. Au refte le plus ou
moins lozange dépend du caractere des chairs que
l'on a à traiter : fi ce font des chairs d'hommes
mufclés , & qui foient peintes d'une maniere un
peu frappée , il n'y a point de danger de les ébaucher par couches méplates un peu lozanges, au lieu
que les chairs de femmes demandent un travail plus
uni qui puiffe repréfenter la douceur de leur peau ,
ce qu'un trop grand lozange interromperoit. Il y a
cependant d'habiles gens qui foutiennent au contraire que le lozange eft moins à craindre dans les
chairs délicates que dans celles qui demandent plus
de couleur , ayant éprouvés lorfqu'ils vouloient
pouffer des tons un peu vigoureux , que le trop
grand lozange devenoit incommode. Quoiqu'il en
foit , il faut y éviter furtout les hachûres quarrées
qui ne font bonnes que pour repréfenter le bois ou
la pierre. Il eft vrai qu'il fe trouve d'excellens morceaux de Gravûre ou l'on voit beaucoup de quarré,
mais cela n'empêche point que ce ne foit une mauvaife maniere , & ce n'eft affurément pas en cela
qu'ils font admirables , car la maniere lozange eft
beaucoup plus moëlleufe. Les plus beaux exemples
que l'on puiffe en donner font les Eftampes de Corneille Vifcher , dont le goût de gravûre eft fans
contredit le meilleur que l'on puiffe imiter.

Des Draperies.

LEs Draperies doivent être gravées suivant les mêmes principes : il faut prendre les tailles de maniere qu'elles en deſſinent bien les plis, & pour cet effet ne point ſe gêner pour continuer une taille qui avoit ſervi à bien former une choſe, lorſqu'elle n'eſt pas ſi propre à bien rendre la ſuivante ; il vaut beaucoup mieux la quitter, & en prendre une autre plus convenable, obſervant néanmoins qu'elles puiſſent ſe ſervir de ſeconde l'une à l'autre, ou du moins de troiſiéme. Si elle peut produire heureuſement une ſeconde, on peut la paſſer pardeſſus l'autre avec une pointe plus fine : ſi elle n'eſt propre qu'à une troiſiéme, alors il faut laiſſer au Burin le ſoin de l'allonger & de la perdre doucement parmi les autres. Enfin il ne faut rien dans ce genre de gravûre qui ſente l'eſclavage ; cette continuation de la même taille n'eſt d'uſage que dans les ouvrages purement au Burin, encore n'y eſt-elle pas fort néceſſaire. Bolſwert qui y étoit ſi habile, ne s'en eſt jamais embarraſſé. Il ne ſeroit cependant pas à propos de ſe ſervir de ſens de tailles diamétralement oppoſés dans le même morceau de draperie, lorſque les ſéparations cauſées par le jeu des plis ne ſont pas extrêmement ſenſibles, car cela pourroit faire une draperie qui paroîtroit compoſée de différentes pieces, qui n'auroient aucune liaiſon l'une avec l'autre. C'eſt même cette oppoſition de travail jointe aux différens dégrés de couleur qu'inſpire le tableau ou deſſein original qui ſert à détacher deux différentes draperies, & à fai-

re connoître qu'elles ne dépendent point l'une de
l'autre. C'eſt pourquoi l'on prendra à peu près de
même façon , pourvû que cela ſe puiſſe ſans con-
trainte , les différens ſens de tailles qui ſervent à
former les plis d'une même draperie , réſervant à
les prendre dans un ſens contraire lorſque le jeu
des draperies fera découvrir la doublûre de l'étoffe,
car alors cette différence de tailles ſervira à faire
diſtinguer plus facilement le deſſus ou le deſſous de
ces draperies.

Les tailles doivent ſerpenter d'une façon ſouple
ſuivant les ſaillies & la profondeur des plis : ce ſeroit une mauvaiſe méthode que de former avec une
ſeule taille , & en paſſer enſuite une roide & ſans
fléxibilité pardeſſus tout, ſeulement pour faire un
ton plus noir ; il faut au contraire que tout le travail qu'on y met ait ſon intention & ſerve à aſſurer
les formes de ce qu'on veut repréſenter , à moins
que ce ne ſoit de certaines choſes qu'on voudroit
laiſſer indéterminées ou indéciſes pour faire du repos à côté de quelques autres , comme ne devant
point attirer l'attention du ſpe&ateur. On doit éviter que les tailles qui vont ſe terminer au contour
ſoit des plis , ſoit des membres, y finiſſent en faiſant avec lui un angle droit , ni même rien d'apro-
chant , mais il faut qu'elles s'y perdent en lozange ,
& d'une maniere qui ſerve à le rendre moins ſenſible & plus moëileux. A l'égard des tailles qui forment les racourcis , à moins que de ſçavoir un peu
de Perſpe&ive pour les bien reſſentir , on court
grand riſque de les prendre ſouvent à contre-ſens.

Des Demi-teintes.

APrès avoir arrêté fermement la fin des ombres & d'une façon un peu tranchée, on arrangera les tailles qui doivent faire les demi-teintes avec une pointe plus fine, obfervant de ne mettre que fort peu d'ouvrage ou du moins très-tendre dans les maffes de lumiere, afin de n'en point interrompre l'effet par des travaux trop noirs ou inutiles qui faliroient les parties qui demandent de la pureté. Ces tailles doivent être prifes de façon qu'elles fe lient avec une de celles des ombres, & fi c'eft une demi-teinte fort colorée qui demande deux hachûres, quand on ne peut joindre la feconde avec aucune de celles de l'ombre, il eft bon qu'elle puiffe du moins s'y perdre, ou y fervir de troifiéme. Au refle il n'eft pas néceffaire de fe gêner à joindre dès l'Eau forte celles qui font fufceptibles de liaifon, on rifqueroit de ne le pas faire affez proprement, & les tailles ne fe trouvans pas rapportées parfaitement jufte, feroient un fillon plus noir qu'il ne faudroit, il vaut mieux réferver cela pour le Burin qui les unira mieux & ne les arrondira peut-être que trop.

On peut hazarder avec la pointe quelque tailles fines proche de la lumiere, mais il faut qu'elles foient plus larges, c'eft-à-dire, plus écartées les unes des autres, que celles des ombres. En général on doit tenir les lumieres grandes & peu approchées à l'Eau forte, afin de laiffer quelque chofe à faire à la douceur du Burin. Les linges & autres étoffes fines & claires fe préparent avec une feule taille, afin de pouvoir y paſſer par endroits avec le Burin une ſeconde très-légere & très-déliée.

***

De la façon de pointiller les Chairs.

LEs points que l'on met à l'Eau forte pour faire les demi-teintes des chairs, peuvent ſe mettre de différentes façons, qui toutes font un effet aſſez heureux quand ils ſont empâtés avec goût. On en met dans les chairs d'homme de longs au bout ou entre les tailles, ou de ronds qu'on allonge enſuite au Burin, ou bien l'on ſe contente quand on retouche de les entre-mêler avec des longs. Dans les chairs de femme, on n'en met à l'Eau forte que de ronds ; les longs feroient un travail trop brut : mais afin qu'ils ne ſoient pas parfaitement ronds ce qui feroit une régularité froide & ſans goût, on tient ſa pointe un peu couchée en les piquant. Si l'on grave de grandes figures on ſe ſervira d'une groſſe pointe qui rendra les points plus nourris. Au reſte les points ronds doivent être mis dès l'Eau forte, cela leur donne un certain brut pittoreſque qui mêlé avec la propreté des points longs que l'on ajoûte au Burin, fait un meilleur effet que ne feroient ces mêmes points ronds mis ſimplement à la pointe ſéche. C'eſt pourquoi dans les belles têtes gravées purement au Burin, l'on n'en voit que de longs, les ronds n'étant beaux que quand ils ſont préparés à l'Eau forte. On les arrange à peu près comme les briques d'un mur, *plein ſur joint* ; ſurtout il faut y garder beaucoup d'ordre ; car ſoit que l'épaiſſeur du verni trompe, ou que cela vienne de quelqu'autre cauſe, il arrive lorſque la plan-

che est mordue que malgré toute la régularité qu'on
y avoit observé, ils sont encore mal arrangés ; &
si l'on n'avoit soin d'y remedier en les rentrant au
Burin, cela feroit une chair qui sembleroit galeuse.
On ne doit point approcher les points à l'Eau forte
trop près de la lumiere, mais on laisse de la place
pour en mettre au Burin ou à la pointe seche de
plus tendres qui conduisent insensiblement jusqu'au
blanc. On met aussi quelquefois des points longs,
ou plûtôt de petits bouts de tailles extrêmement
courtes, dans les draperies lorsqu'on veut représenter des étoffes très-grossieres : & pour leur
donner ce brut pittoresque qui les distingue des autres ouvrages plus unis, on tremblotte un peu la
main en conduisant sa taille, ce qui lui donne un
grignotis qui fait fort bien, mais il faut que cela se
fasse sans affectation.

On prendra bien garde quand on gravera quelque chose de grand, de ne point former les touches des chairs soit dans les têtes, les mains ou
ailleurs, avec des tailles si proches l'une de l'autre
que l'Eau forte puisse les faire crevasser, & n'en
faire qu'une de plusieurs : cela produiroit un noir
aigre & poché qu'on a bien de la peine à raccom-
moder, c'est pourquoi on préparera les chairs ten-
drement, & on les laissera mordre fort peu, pour
pouvoir les finir facilement & d'une maniere douce
& aimable.

De la Dégradation des objets.

UNe regle générale fondée fur le bon fens & la perfpective, c'eft de refferrer fes tailles de plus en plus, fuivant la dégradation des objets ; c'eft-à-dire, qu'ayant gravé les figures qui font fur le devant du Tableau avec une groffe pointe & des tailles nourries & raifonnablement écartées,on gravera celles qui font fur un plan plus éloigné & plus enfoncées dans le Tableau avec une pointe moins groffe, & des tailles moins écartées les unes des autres : s'il s'en trouve encore plus loin fur un troifiéme plan, on les fera de même avec une pointe plus fine & des tailles plus ferrées, & ainfi de fuite jufqu'à l'horizon, & toujours fuivant cette idée de dégradation. C'eft ce qui fait qu'on couvre ordinairement les fonds de troifiémes & même de quatriémes, parce que cela falit le travail, & le rend par conféquent moins apparent à la vûe : de plus, en ôtant les petits blancs qui reftoient entre les tailles, cela en refferre davantage le travail, & fait qu'il fe tient mieux derriere. Cette façon de graver produit auffi des tons gris & fourds d'un grand repos, qui laiffent mieux fortir les ouvrages larges & nourris des devants, & fervent à les faire valoir, mais c'eft l'affaire du Burin plûtôt que de l'Eau forte. On grave encore les devants avec des tailles de différente largeur, fuivant que le cas l'exige ; les étoffes fines fe gravent plus près, à moins qu'on ne les deftine à recevoir des entretailles, qui font très-propres à repréfenter les étoffes de foye, les eaux, les métaux & autres corps polis : les étoffes.

plus épaisses se gravent plus larges ; ce qui doit être
sourd & brun , plus serré que ce qui est vague , &
par conséquent les ombres plus serrées que les
jours. Cette attention ne doit pourtant pas paroître
trop sensible , de peur que quelque chose des ouvrages du devant ne ressemble à ceux du fonds.

Des Lointains.

UN effet remarquable de la Perspective , c'est
que plus les objets paroissent éloignés, moins
ils doivent être finis : c'est ce qui arrive dans la
Nature quand on regarde un objet éloigné , par
exemple une figure vêtuë : on n'y distingue plus que
les masses générales , & l'on perd tous les détails ,
soit des têtes , soit des plis de vêtemens , & même
leurs différentes couleurs ; la Gravûre qui n'est
qu'une imitation de la Nature doit la suivre dans
tous ses effets , & rendre les objets qu'elle représente de plus en plus informes à proportion de leur
éloignement. C'est pourquoi l'on évitera en gravant les figures éloignées d'en dessiner les formes
avec des contours bien marqués & ressentis en
beaucoup d'endroits qui les détermineroient trop ;
mais il faut les tracer par grandes parties & comme un croquis , & les ombrer par couches plates
à peu près de la même façon qu'un Sculpteur ébauche une figure de terre. Le fameux Gerard Audran
en a donné des exemples inimitables dans tous ses
ouvrages , comme on le peut voir entr'autres dans
l'Estampe de Pyrrhus sauvé , qu'il a gravé d'après
le Poussin , où il a rendu d'une manière digne d'admiration la touche large & plate du pinceau dans

les lointains & dans les fonds. Cela semble assez
facile, & ne se trouve cependant bien rendu que
dans les ouvrages de ceux qui sont consommés dans
cet Art. C'est que la plus grande difficulté des
Arts dont le Dessein est la base, n'est pas de finir
& détailler beaucoup, mais de sçavoir supprimer
à propos le travail superflu pour ne laisser que le
nécessaire. Il n'arrive que trop souvent que le Graveur séduit par le plaisir de faire un morceau qui
paroisse fort soigné, s'amuse à finir la tête d'une
figure éloignée avec de beaux petits points arrangés
avec beaucoup de propreté ; mais il prodigue sa
peine bien mal-à-propos, car cet ouvrage qui pla-
cé ailleurs pourroit avoir son mérite, lui fait com-
mettre une lourde faute contre le sens commun &
le bon goût du dessein.

Du Paysage & de l'Architecture.

LEs terreins, murailles, troncs d'arbres & paysages doivent se graver d'une maniere extrêmement grignoteuse : c'est-là qu'on peut mêler
avec succès le quarrée avec l'extrême lozange, &
se servir de l'échoppe par le côté le plus large. Le
Paysage doit être préparé très-lozange afin que les
tailles accompagnent plus moëlleusement les traits
qui les dessinent, & laissent moins sentir la mai-
greur des contours qui en forment les feuilles. Les
terreins se peuvent graver par de petites tailles
courtes & fort lozanges, afin que les crevasses de
leurs angles les rendent brutes & formés par toutes
sortes de travaux libres qui y sont fort convenables.
Les pointes émoussées sont plus propres à graver le

Paysage

Payſage que celles qui ſont coupantes , parce que ces dernieres s'engageant dans le cuivre , ne laiſ-ſent point à la main la liberté de les conduire en tous ſens comme il eſt néceſſaire ſurtout quand on grave des arbres. On grave ordinairement l'Archi-tecture quarrée & à la régle , cependant lorſqu'elle n'eſt qu'acceſſoire , comme dans un ſujet d'hiſtoire , où elle eſt faite pour les figures , il vaut mieux la graver à la main afin qu'elle ne ſoit point d'une pro-preté qui le diſpute aux figures. Il faut auſſi un peu grignoter ſes tailles , mais toujours avec ordre ; car en général quelque choſe que l'on grave , & même celles qui ſont les moins ſuſceptibles de pro-preté , on doit toujours les préparer avec égalité & avec arrangement , pourvû que cela ſoit ſans affec-tation , afin qu'il n'y ait point de traits qui puiſſent crevaſſer enſemble & interrompre le repos des maf-ſes par des pochis de noir aigre. Car on ne peut faire de l'effet que par de grandes maſſes unies , ſoit d'ombre ſoit de lumiere, réveillées pourtant de quelques touches aux endroits indiqués dans l'ori-ginal qu'on doit ſuivre. La Gravûre n'eſt déja que trop oppoſée à ce repos qui doit regner dans les maſſes , par les petits blancs qu'elle laiſſe dans les carreaux , ſans ajoûter encore des aigreurs & des trous de noir par l'inégalité des railles , & même l'on eſt ſouvent obligé de boucher tous les car-reaux avec des points pour parvenir à faire un ton ſourd. Il ſuit de tout ce qu'on vient de lire que la Gravûre en grand où l'on réſerve beaucoup de cho-ſes à retoucher au Burin doit être préparée avec beaucoup de goût & de propreté , qu'il fau téviter d'appuyer trop les touches & les contours de crain-te que venant à mordre avant le reſte , on ne ſoit obligé de retirer l'Eau forte avant d'avoir laiſſé

F

mordre les ombres d'un ton avantageux : ou bien
que l'Eau forte les ayant trop creusés , ne vous
mette dans la néceffité de falir l'ouvrage pour les
accompagner & les fondre , ou même de les effacer peut-être entierement. Il vaut mieux être obligé de les fortifier au Burin, d'autant plus que quelque foin que l'on prenne à frapper les chofes jufte
à leur place , il fe trouve neanmoins quand l'Eau
forte a faite fon effet, qu'elles ont befoin d'être rec-
tifiées , & qu'elles n'ont prefque jamais cette parfaite juffeffe qu'on croyoit leurs avoir donné : c'eft
pourquoi il eft à propos que les touches & les contours foient mordus de façon qu'on puiffe les reprendre aifément foit en dedans foit en dehors fans
rien effacer.

Des différentes Pointes.

QUoique l'ufage le plus ancien & le plus ordinaire foit de graver à l'Eau forte avec des
pointes coupantes & qui ouvrent un peu le cuivre,
il y a neanmoins de très-habiles Graveurs qui fe
fervent de pointes qui ne coupent pas : cet ufage
paroît même avoir un avantage par rapport à l'effet que fait l'Eau forte fur le vernis : car il arrive
fouvent quand on trace quelque contour ou que
l'on arrête quelque touche avec une pointe cou-
pante , que la juffeffe avec laquelle on tâche de le
faire eft caufe que fans s'en appercevoir on appuye
davantage la pointe , & qu'elle entre plus profon-
dément dans le cuivre en ces endroits que partout
ailleurs , ce qui fait qu'ils mordent avant le refte ,
&, comme on vient de le dire, caufent des aigreurs.

Au lieu que les pointes émouſſées ne creuſans gueres plus le cuivre en un endroit qu'en l'autre, laiſ-
ſent mordre tout l'ouvrage à peu près également,
ſelon la proportion des pointes dont on s'eſt ſervi,
& par conſéquent produiſent un ton gris aſſez avantageux pour pouvoir retoucher proprement.

D'un autre côté l'on pourroit dire, que d'entrer
un peu dans le cuivre cela donne plus d'eſprit & de
fermeté que lorſque la pointe gliſſe & n'a rien qui
l'aſſure, c'eſt pourquoi il eſt à propos lorſqu'on prépare une planche de grand & où il doit entrer
beaucoup de Burin de ſe ſervir de pointes émouſſées, & de réſerver les pointes coupantes pour le
petit qui doit être préparé différemment comme on
va le voir. Il eſt à remarquer lorſque les pointes
coupent, qu'il faut beaucoup appuyer les hachûres
qui forment les maſſes d'ombre, ſans cela elles
pourroient devenir maigres, car pour que le trait
participe de la groſſeur de la pointe avec laquelle
il eſt fait, il faut que preſque toute la partie qui en
fait l'aigu ſoit engagée dans le cuivre : autrement
une groſſe pointe & une fine feroient à peu près un
trait auſſi délié l'une que l'autre. Il eſt bon auſſi de
mettre beaucoup de ſecondes dans les corps d'ombre, afin qu'ils ayent déja pris une couleur ſuffiſante
avant que les touches ſoient crevaſſées, & qu'on
puiſſe tirer de l'Eau forte tout l'avantage poſſible
pour le prompt avancement de ſa planche ; car une
taille toute ſeule ne prend pas beaucoup de force,
& eſt long-tems à mordre avant d'acquerir un ton
un peu vigoureux. Au reſte on peut ſe livrer indif-
féremment à la maniere la plus conforme à ſon goût
naturel, perſuadé que ce n'eſt pas l'outil qui donne
le mérite à l'ouvrage, mais l'intelligence de l'Ar-
tiſte qui le conduit.

F ij

De la Gravûre en petit.

ON doit traiter la Gravûre en petit différemment de celle en grand. Comme son principal mérite est d'être dessinée & touchée avec beaucoup d'esprit, il faut frapper son trait avec plus de
force & de hardiesse, & que le travail qu'on y met
soit fait avec une pointe plus badine. Les touches
qui pourroient ôter le repos dans le grand font toute l'ame du petit, en conservant toujours les masses
de lumiere tendres & larges. Toute son excellence
dépend de l'Eau forte, & le Burin n'y doit ajoûter
que des masses un peu plus fortes & quelques adoucissemens. Comme le Burin est un outil qui travaille lentement & avec froideur, il est bien difficile
qu'il ne diminue ou qu'il n'ôte même tout-à-fait
l'ame & la légereté que la pointe d'un Graveur un
peu versé dans le dessein y a mis : c'est pourquoi
l'on ne s'en servira qu'avec discretion, & seulement pour donner un peu plus d'effet & d'accord.
Il faut donc que l'Eau forte avance beaucoup plus
& morde davantage dans les petits ouvrages que
dans les grands, que dès cette ébauche elle paroîs-
se assez faite au gré des gens de goût, & que le
Burin n'y soit employé que pour la rendre plus
agréable aux yeux du Public, dont la plus grande
partie n'a point assez de connoissance dans le dessein pour sentir ce que c'est que cet esprit. Il n'étoit
pas inconnu au célébre M. Picart : ses premiers
ouvrages moins chargés de travail que les autres en
conservent assez ; mais séduit par les applaudisse-
mens de la multitude, il s'est livré ensuite à une

maniere pefante & chargée. Il ne s'eft point contenté d'ôter tout l'efprit de fes têtes à force de les
couvrir de petits points, mais il a chargé fes draperies de tailles roides & fans gentilleffe : il a même
pouffé fon extrême paffion pour le fini jufqu'à vou-
loir rendre les différentes couleurs des vêtemens,
ce qui dans le petit en détruit tout le goût & l'effet. Ses productions fi long-tems admirées du vul-
gaire, (quoique d'ailleurs affez eftimables par la
beauté & l'étendue de fon génie) ne feront jamais
comparables à l'aimable négligence de **La Belle**, à
la touche fpirituelle de *Le Clerc*, ni à la pointe badinée & pittorefque de *Gillot*.

Si l'on veut donc faire une eau Forte fpirituelle
& avancée, on doit fouvent changer de pointe fur
les devants, & pour donner plus de caractere aux
chofes qui en font fufceptibles, il faut les graver
par des tailles courtes, méplates, & arrêtées fermement le long des mufcles ou des draperies qu'elles forment ; car les tailles longues & unies produifent un fini froid & fans goût. Plus les tailles
font ferrées & plus la Gravûre paroît précieufe,
pourvû que cela foit fait avec intelligence, en obfervant la dégradation des chofes avancées à celles
qui font plus éloignés, & des objets qui fe détachent à ceux qui leur fervent de fonds. C'eft pourquoi on gravera fin & ferré pour faire un ouvrage
qui plaife, ou du moins pour fe conformer au goût
préfent de ce fiécle, où l'on n'eftime la gravûre en
petit qu'autant qu'elle paroît gravée finement, comme fi le vrai mérite confiftoit à avoir la vûe extrêmement bonne, & beaucoup de patience.

Les contours feront deffinés d'une maniere un
peu quarrée ; ils ne doivent point être équivoques,
mais il faut qu'ils foient reffentis ; on fe gardera bien

de ne les former qu'avec les tailles qui les approchent, cette maniere peut être bonne dans le grand,
au lieu qu'elle est vitieuse dans le petit, parce qu'elle
en amollit trop les contours. Je répéterai encore
en dépit de la mode, & du mauvais goût d'aujour-
d'hui, que la Gravûre en petit doit conferver une
idée d'ébauche, & que plus on la finit, plus on lui
ôte fon principal mérite, qui confifte dans l'efprit
& la hardieffe de la touche. Il faut peu de points
pour terminer les chairs : il y a des ouvrages en
petit qui ont du mérite d'ailleurs, mais dont les
chairs font chargées de points fi près les uns des autres que les lumieres en paroiffent luifantes comme
du bronze, ce qui fait que les draperies qui font
d'un autre travail paroiffent trop négligées : il n'y a
qu'un motif d'intérêt, & l'envie de plaire à des gens
qui n'ont ancune connoiffance du Deffein, qui puiffe
engager à fuivre une fi mauvaife maniere, puifque
l'on peut faire tout auffi bien avec beaucoup moins
de travail, & que dans les Arts qui ont rapport au
Deffein l'ouvrage n'a de mérite qu'autant qu'il paroît fait facilement & fans peine. On ne doit point
non plus s'amufer dans le petit à rendre tous les détails des têtes comme dans le grand ; quelques petits coups touchés artiftement forment de jolies têtes, & même des paffions, mieux que tous les foins
qu'on pourroit prendre de marquer les prunelles,
les paupieres, les narines, & autres minuties. Il eft
vrai que cela attire plus l'admiration de la multitude, ou de ces Sçavans dont l'habilité dans d'autres fciences fait regarder les décifions comme fort
importante dans un Art où ils n'entendent rien ;
mais cet extrême fini n'eft qu'une fervitude dont un
habile Artifte doit fe dégager, & qui n'eft bonne
que pour des gens médiocres & incapables de faire

les chofes à moins de frais. Les figures des fonds &
autres chofes qui doivent paroître éloignées fe gra-
veront prefque entierement avec la même pointe ,
excepté les tendreffes : il ne faut pas que cette pointe coupe trop , de peur que les touches en mordant
ne faffent des trous ou des aigreurs qui ôtent tout
l'effet dans le petit , & font extrêmement difficiles
à arracher , car on feroit obligé pour cela d'effacer
une partie de ce qui eft autour , ce qui ne fe rétablit
jamais fi bien avec le Burin.

Lorfque l'on termine les chairs au Burin , il eft
difficile de fe fervir avec fuccès de points longs , à
moins qu'on ne les faffe extrêmement cours , autrement ils feroient une chair qui fembleroit couverte
de poils. On ne fe fert gueres que de points ronds
en préparant l'eau Forte, fi ce n'eft dans les ombres
des chairs qu'on peut graver par une taille ou deux
de points longs. On peut auffi hazarder quelquefois des troifiémes tailles dans des chofes qui doivent être brouillées comme nuages , terreins & autres endroits que l'on tient très-fourds pour fervir
de fonds à d'autres , mais il faut les graver avec une
pointe extrêmement fine , afin qu'ils mordent moins
que les autres. Enfin on doit faire enforte que la
planche foit entierement faite à l'eau forte , s'il eft
poffible , afin de conferver tout l'efprit du deffein :
car plus on mettra d'ouvrage dès l'eau Forte , &
plus on fera fûr de réuffir , pourvû que cela foit fait
à propos & avec goût , & qu'on ne le laiffe point
trop mordre. C'eft le moyen de plaire aux habiles
gens & aux vrais connoiffeurs dont les fuffrages
font feuls flatteurs & à défirer pour ceux qui veulent fe perfectionner & acquérir une réputation folide.

Au refte ce qui a été dit jufqu'ici ne regarde

F jv

que les commençans : on a tâché de leur montrer
la route la plus sûre & la plus abregée pour les conduire à la perfection de leur Art. Ceux qui par des
talens supérieurs ou par une expérience consommée
ont acquis la réputation d'habiles gens, sont au-
deffus de ces régles. Leur génie est en quelque façon leur seule loi : toute sorte de travail est bon
fous leur main, & le goût avec lequel ils le pla-
cent le rend toujours excellent, quelqu'éloignés
qu'ils soient des principes avec lesquels on grave
ordinairement. Mais ces manieres font quelquefois de nature à n'être point susceptibles d'imitation, & pourroient perdre plûtôt que de perfectionner ceux qui voudroient les suivre, parce qu'en
dégénerant elles n'ont plus aucun merite, & qu'un
servile imitateur, n'y mettant pas la même science,
& n'en faisant pour ainsi dire que la charge, peut
prendre une mauvaise maniere en suivant un bon original. C'est pourquoi l'on ne sçauroit trop faire d'attention, à en chercher une qui ne soit point vicieuse
quand on commence à graver. Telle est par exemple
celle de Corneille Vischer, & quoique l'on soit bien
éloigné d'atteindre à la perfection des ouvrages de
ce grand homme, cependant son imitation conduit
toujours à un goût moëlleux & à une maniere excellente.

Maniere de border la Planche avec de la cire, afin de pouvoir contenir l'Eau forte de départ.

IL faut prendre de la cire molle, rouge ou verte,
il n'importe, elle se vend en bâtons comme de
la cire d'Espagne : il y en a aussi de la jaune qui est

fort bonne ; elle fert aux Sculpteurs pour faire de petits modeles, ce qui fait qu'on la nomme *cire à modeler*. Si c'eft en hyver vous l'amollirez au feu ; en été elle s'amollit affez aifément en la maniant. Vous en ferez autour de votre planche fur les bords où il n'y a rien de gravé, un bord haut environ d'un pouce, comme un petit rempart ou muraille, de forte que pofant votre planche à plat & bien de niveau, & verfant votre Eau forte enfuite deffus, elle y foit retenue par le moyen de ce bord de cire, fans qu'elle puiffe couler ni fe répandre par aucun endroit. C'eft pourquoi en hyver l'on fait chauffer quelque morceau de fer, pour l'appliquer le long des joints que la cire fait avec la planche.

On pratique à l'un des coins de ce petit rempart une goutiere ou petit canal qui fert à verfer plus commodément l'Eau forte : on a foin de faire les deux côtés qui forment cette goutiere, plus hauts que le refte du bord, afin qu'en penchant la planche pour verfer l'Eau forte dans le vafe deftiné à la recevoir, elle ne puiffe fe répandre pardeffus les bords. Il y a des perfonnes qui couvrent de mixtion les bords de la planche où eft attachée la cire, afin de boucher les petits trous qui pourroient laiffer échapper l'Eau forte par deffous la cire. Mais cette maniere eft mal-propre, & falit les mains quand on veut remanier la cire pour la faire fervir à quelqu'autre planche. C'eft pourquoi il vaut mieux l'attacher au cuivre quand elle eft bien amollie & attendrie au feu, & pendant qu'elle eft encore mollette on coulera le doigt fermement le long de l'angle que la planche fait avec la cire, par ce moyen elle s'attachera exactement au cuivre verni.

Votre planche étant ainfi bordée, il faut prendre de l'Eau forte de départ ou des Affineurs, pure &

bonne & y mêler moitié d’eau commune. M. Boſſe
conſeille de n’y mettre qu’un tiers d’eau, mais elle
ſeroit trop violente, & elle ſera encore aſſez forte
en y en mettant la moitié, comme on le pratique
ordinairement. Si l’on a de l’Eau forte qui ait déja
ſervie, (on la diſtingue aiſément par ſa couleur
bleuë) on s’en ſervira en place d’eau commune pour
la mêler avec l’Eau forte vive ; on y en mettra plus
ou moins ſuivant qu’elle aura de force ; on la ver-
ſera doucement ſur la planche poſée à plat, juſqu’à ce qu’elle en ſoit couverte partout d’un travers de doigt. Alors vous verrez que l’Eau forte
agira promptement dans les hachûres fortement
touchées : pour les tailles plus foibles, vous les verrez au commencement claires & de la couleur du
cuivre, parce qu’elle n’y fera pas d’abord d’opération ſenſible qui paroiſſe aiſément à la vûe.

Quand vous verrez que l’Eau forte aura agi quelque tems avec vigueur dans vos touches fortes, &
qu’elle commence à faire ſon effet ſur les choſes
tendres, vous l’y laiſſerez mordre fort peu : on peut
connoître facilement ſi l’Eau forte a mordu ſuffiſamment en découvrant un peu le cuivre avec un charbon doux ſur les lointains, comme nous l’avons
déja dit à l’occaſion du vernis dur, page 40. vous
verſerez donc alors l’Eau forte dans un pot de
fayance, & vous remettrez tout de ſuite de l’eau
commune ſur la planche, pour en ôter & éteindre
ce qui ſeroit reſté d’Eau forte dans la gravûre, puis
la ferez ſécher comme il vous a été enſeigné au
verni dur : & ſouvenez-vous principalement à ce
verni mol & Eau forte de départ, de faire évaporer en hyver l’humidité qui pourroit être entre le
cuivre & le verni, avant que d’y mettre l’Eau forte;
votre eau étant deſſechée, vous prendrez de la

même Mixtion d'huile & de suif, dont je vous ai
parlé au commencement du vernis dur, page 5. &
en couvrirez les lointains & choses les plus douces
& tendres ; & après avoir couvert cette premiere
fois , vous remettrez sur votre planche la même
Eau forte que vous en aviez ôtée , & la laisserez un
demi quart d'heure suivant les hachûres que vous
avez à faire creuser , après cela vous l'ôterez encore , laverez , sécherez & couvrirez ce que vous
aurez ensuite à couvrir.

REMARQUE.

Comme la Mixtion d'huile & de suif dont on se
sert ordinairement pour couvrir sur la planche les
endroits qu'on veut épargner en faisant mordre ,
demande beaucoup de soin & de sujettion , pour
ôter l'Eau forte de dessus la planche , qu'il faut laver ensuite , & faire sécher au feu , ce qui tient un
tems considérable & retarde l'action de l'Eau forte,
voici une nouvelle Mixtion qui a cet avantage qu'on
peut la mettre avec le bout du doigt sur les endroits
où il en est besoin dans le tems même que l'Eau
forte agit sur la planche.

Mixtion à couvrir les planches sans être obligé de retirer l'Eau forte de dessus.

Prenez partie égale de cire & de thérébentine,
autant d'huile d'olive , & de sain doux : faites fondre le tout sur le feu dans une terrine , ayez soin de
bien mêler ces matieres , & laissez-les bouillir quelques tems jusqu'à ce qu'elles soient bien incorpo-
rée l'une avec l'autre. Lorsque l'on fait mordre une

planche, & qu'on en veut couvrir quelqu'endroit, il faut mettre fondre fur le feu dans un petit pot un peu de cette compofition, en prendre au bout du doigt ou avec un pinceau & le porter à cet endroit au travers de l'Eau forte qui couvre la planche. Alors cette Mixtion s'attachera fur le vernis, & empêchera l'Eau forte de creufer davantage à cet endroit. Cette maniere eft prompte & expéditive, & eft propre pour les ouvrages de peu de confé-quence, ou dans des cas preffans.

Enfuite vous y remettrez encore ladite même Eau forte, & la laifferez deffus la valeur d'une de-mie heure, fuivant la force de l'eau & la nature de l'ouvrage ; & puis l'ôterez & jetterez derechef quantité d'eau commune deffus.

Cela fait vous ferez un peu chauffer votre plan-che, & en même tems vous ôterez le bord de cire qui eft autour ; puis la laifferez chauffer plus fort, tant que la mixtion & le vernis en fondent;puis vous l'effuyerez bien nette avec un linge ; & après vous la frotterez bien par tout avec de l'huile d'olive ; & ce fera fait, au retouchement du Burin près, s'il en eft befoin.

Je vous avertis que lorfque l'Eau forte eft fur la planche il faut avoir une barbe de plume, & la paffer à travers ladite Eau forte fur l'ouvrage, afin de nettoyer la bourbe ou verdet qui s'amaffe dans les hachûres, lorfque l'eau y fait fon opération, & afin de lui donner plus de moyen d'agir, & auffi pour voir fi le vernis n'éclate point, car autrement le bouillonnement de l'eau empêche de le voir.

Vous fçaurez encore que l'eau forte du vernis dur eft très-excellente pour fervir à creufer l'ou-vrage faite fur ledit vernis mol ; & que la pra-tique de la verfer & de couvrir de mixtion eft toute pareille qu'au vernis dur , & si quelqu'un s'en veut servir, il doit être assuré qu'elle est bien plus excellente pour cela que n'est celle des Affineurs ; & de plus elle n'est point si sujette à faire éclater le vernis ni a plusieurs accidens , par exemple d'être préjudiciable à la vûe & à la santé , comme celle de départ ; neanmoins chacun usera de celle qu'il voudra.

Maniere de rendre blancs les Vernis dur & mol sur la planche.

IL y a un moyen de blanchir les vernis sur les planches au lieu de les y noircir, & pour cela.

Quand vous avez appliqué votre vernis dur sur la planche (comme il a été dit page 14.)vous le ferez cuire ou sécher au feu sans le noircir, & de la même façon que s'il l'étoit ; puis laisserez refroidir la planche : après quoi vous aurez du blanc de céruse bien broyé à l'eau , & mis dans une écuelle de terre plombée , avec un peu de colle de Flandres fondue , vous mettrez ladite écuelle sur le feu , & ferez fondre & chauffer un peu le tout, cela fait vous prendrez dudit blanc qui doit être passablement clair , avec une grosse brosse ou pinceau de poil de porc,& en blanchirez votre vernis en l'y mettant le moins épais & le plus uniement que vous pourrez, & l'y laisserez sécher en posant la planche de plat en quelque lieu : & si d'avanture en la blanchissant, le blanc avoit de la peine à y prendre , il ne faut que mettre parmi ledit blanc une goute ou deux de fiel de bœuf, & les mêler dans l'écuelle avec ladite brosse.

Et pour le vernis mol il n'y a qu'à faire la même

chofe , après qu'on l'a appliqué fur la planche &
étendu bien uniement avec le tampon de taffetas,
fans le noircir : quelqu'un pourroit dire que fi on
le noirciffoit avant que d'y appliquer le blanc deffus,
que venant après à y graver , les hachûres y paroî-
troient plus noires , & feroient par conféquent plus
diftinctes à l'œil : mais je répons à cela deux chofes.

La premiere , que le noirciffement fait que le
blanc ne s'y veut point attacher ; & l'on n'ofe pas
y mettre tant de fiel de peur de gâter le vernis.

La feconde , que quand même le blanc s'y attacheroit , il n'y paroîtroit que gris à caufe de la noirceur dudit vernis , à moins qu'on ne l'y mît fi épais
que le tout n'en vaudroit plus rien.

Le contre-tirement ou calquement fur le vernis
mol , fe fait avec de la fanguine comme j'ai dit ci-
devant , page 19. ou bien en frottant le papier
ou Deffein, de poudre de pierre noire au lieu de fanguine , quand le vernis eft rendu blanc.

Quand vous aurez gravé ce que vous défirerez
fur le vernis mol , & que vous voudrez faire creufer la planche à l'Eau forte , ce qu'il y aura à faire
eft d'avoir un peu d'eau commune plus que tiéde ,
& en jetter fur la planche & avec une éponge douce où il n'y ait aucune ordure , ou bien avec le
charnu des bouts de vos doigts , frotter deffus ledit blanc , pour le détremper partout , puis laver
ladite planche en forte qu'il n'y ait plus de blanc
deffus , & la faire fécher ; & enfuite on y peut mettre de telle des deux Eaux fortes qu'on veut , fuivant les manieres ci-devant enfeignées : & pour en
travaillant conferver ledit vernis blanc , il ne faut
que mettre deffus , un morceau de drap ou ferge
dont la laine foit bien douce , au lieu de papier ,
ou bien du même linge damaffé.

Et si vous voulez avoir plûtôt ôté ledit blanc, il faut avoir de l'Eau forte de départ qui soit temperée avec de l'eau commune & en mettre partout dessus ; cela le détrempera & mangera promptement, après quoi vous jetterez encore de l'eau commune & nette dessus ; ayant ôté le blanc de la façon, vous ferez aussi sécher l'eau qui sera demeurée dessus, & ferez creuser ensuite votre ouvrage, selon qu'il a été dit ci-devant.

Moyen pour regraver ce que l'on peut avoir oublié de faire, ou bien ce qu'on veut changer ou ajoûter, après que les planches sont creusées à l'Eau forte.

AVant que de finir il m'est souvenu de vous donner le moyen de refaire plusieurs choses au besoin par le moyen de l'Eau forte, comme lorsqu'il arrive qu'ayant fait sur votre cuivre quelque chose qui ne vous plût pas, & que pour cette cause vous l'avez couvert de la mixtion, afin que l'Eau forte n'y fît point son opération; ou même que vous y voudriez ajouter quelques ornemens comme sur quelques draperies, & quantité d'autres choses qui se peuvent rencontrer aux occasions ; en ce ce cas donc, vous prendrez votre planche, & la frotterez bien d'huile d'olive par son endroit gravé, de sorte que le noir & les saletés qui peuvent être dans toutes les hachûres en soient ôtées ; puis vous la dégraisserez si bien avec la mie de pain, ou avec du blanc d'Espagne en poudre,qu'il ne reste rien de gras ni de sale dessus, ni dans les hachûres.

Alors vous la ferez chauffer sur un feu de charbon,

& ayant mis du vernis mol deſſus , vous l'étendrez avec un tampon de taffetas remplie de coton, comme il a été dit ci-devant:tout ce qu'il y a à prendre garde eſt qu'il faut que les hachûres que vous voulez qui demeurent ſoient remplies de vernis; cela fait vous la noircirez auſſi comme j'ai dit ci-devant : puis vous y ferez ce que vous déſirerez refaire ou ajouter , & enſuite vous le ferez creuſer par le moyen de l'Eau forte , ſelon que la ſorte d'ouvrage le requerera , prenant garde avant que d'y mettre l'Eau forte , de couvrir de la mixtion, comme j'ai dit , la premiere gravûre qui étoit ſur votre planche,de peur que le vernis n'eût point entré par tout , & cela eſt toujours le plus ſûr ; d'autant que s'il ſe rencontroit qu'il n'y eût ni mixtion ni vernis en quelques endroits deſdites hachûres , l'Eau forte ne manqueroit pas d'y entrer & gâteroit tout : ayant donc fait creuſer votre ouvrage à l'Eau forte , vous ôterez le vernis de deſſus votre planche par le moyen du feu, en la maniere ci-devant dite pour le verni mol.

Fin de la ſeconde Partie.

MANIERE

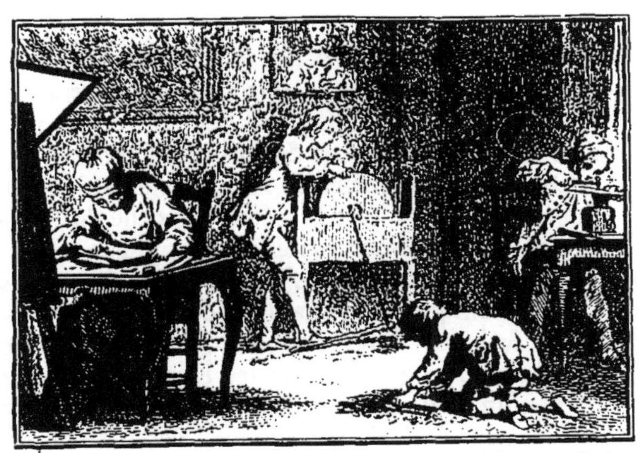

MANIERE
DE GRAVER
A L'EAU FORTE
ET
AU BURIN.

TROISIE'ME PARTIE.

De la Gravûre au Burin.

Principes de la Gravûre au Burin.

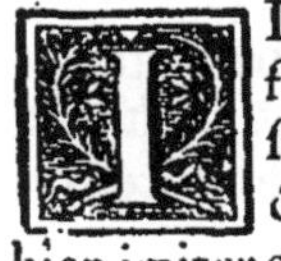
L eft inutile de dire que le Deſſein eſt le fondement de cet Art, & qu'il eſt néceſ-ſaire qu'un Graveur ſache deſſiner corre-ctement, car ſans cela il ne pourra jamais bien imiter aucun Tableau ni Deſſein, parce que ſon

G

ouvrage ne fera fait qu'en tâtonnant : il pourra même être fait avec foin & d'une gravûre fort douce,
mais fans efprit, fans art & fans intelligence.

On paffe fous filence la maniere de deffiner du
Graveur, qui doit être la même que celle du Peintre : on dira feulement qu'il doit s'appliquer fortement à deffiner loug-tems des pieds & des mains
d'après l'antique, fur le naturel, & d'après les Tableaux & les Deffeins d'habiles gens, & qu'il ne
doit point négliger de voir les Eftampes gravées
d'Auguftin Carrache, & de Villamene, qui ont
parfaitement & facilement deffiné ces extrémités.
Je dis ceci afin que le Graveur fe donne par ce
moyen une liberté de les faire de bon goût pour
s'en fervir dans des occafions qui fe rencontrent
quelquefois de travailler d'après des Peintres médiocres, ou des Deffeins qui ne font pas finis.

Mais lorfqu'il s'agit de copier les Tableaux des
grands Maîtres, il faut que le Graveur fe détache
entierement de la propre maniere qu'il pourroit
avoir de deffiner, pour fe conformer à celle des
ouvrages qu'il veut imiter & y conferver le caractere qui fait diftinguer les manieres les unes des
autres : & pour cét effet l'on doit beaucoup deffiner & avec bien du foin d'après les peintures de
Raphaël, des Garraches, du Dominiquain, du
Pouffin, &c. que fi l'occafion ne fe préfente pas de
pouvoir copier ces ouvrages, & qu'on ne puiffe
que les voir, il faut en remarquer toutes les beau-
tés & les faifir dans la mémoire par une forte ap-
plication d'efprit, & s'efforcer de reconnoître la
différence de chacun dans la maniere de tracer les
contours.

Il eft très-néceffaire qu'un Graveur fache l'Architecture & la Perfpective. L'Architecture pour

garder les proportions que les habiles Peintres quelquefois ne se donnent pas la peine de terminer dans
leurs desseins ; surtout quand on grave d'après des
croquis ou des tableaux peu finis. La Perspective,
par les dégradations du fort au foible, lui donnera
beaucoup de facilité pour faire fuir ou avancer les
figures & autres corps représentés dans le Tableau
qu'il doit imiter.

Préparatifs pour graver au Burin.

LE Cuivre rouge est celui dont on se sert ordinairement, parce qu'il est moins aigre, & par
conséquent meilleur, étant adhérant au Burin. Plusieurs se trompent lorsqu'ils le font beaucoup chauffer pour l'amollir : au contraire je trouve qu'on le
doit souhaiter un peu dur, pourvû que cela n'aille
pas jusqu'à être aigre : pour cet effet, il ne faut que
recommander à celui qui l'apprête de le battre un
peu à froid, mais qu'il soit bien applani, sans fosse,
sans paille, ni gersures, & d'égale force par tout.

Avant de rien tracer, quoique la Planche paroisse bien polie, l'on doit prendre un brunissoir
& le passer fortement partout le cuivre, pour en
ôter les petites rayes que la pierre de ponce & le
charbon y ont laissé, qui rendent ordinairement le
fond de la gravûre d'une couleur sale. Pour les Burins, tous les Graveurs sçavent qu'il faut choisir
l'acier d'Allemagne le plus pur & le meilleur : sa
bonté consiste en ce qu'il n'y ait point de fer mêlé
parmi, que le grain en soit fin & de couleur de cendre, mais ils doivent être avertis que le Forgeur

qui fait les Burins doit entendre parfaitement la trempe.

Quant à la forme du Burin, il est comme inutile d'en parler, puisque chacun les prend selon sa volonté : les uns les veulent fort lozanges, les autres tout-à-fait quarrés : il y en a qui les éguisent extrêmement déliés, d'autres gros & courts. Pour moi, je tiens qu'il est bon d'avoir toujours un Burin d'une bonne longueur, que sa forme soit entre le lozange & le quarré ; qu'il soit assez délié par le bout, mais que cela ne vienne pas de loin, afin qu'il conserve du corps pour pouvoir résister selon les nécessités de l'ouvrage : car s'il est trop délié & affuté de loin, il ploye, ce qui le fait casser ; à moins que ce ne soit pour de fort petits sujets.

Le Graveur doit avoir soin que le ventre de son Burin soit aiguisé fort plat, & qu'il coupe parfaitement, le faisant lever un peu vers l'extrémité de la pointe pour le dégager plus facilement du cuivre : il doit être aussi averti de ne graver jamais avec un Burin dont la pointe soit émoussée, s'il veut que la gravûre soit vive, autrement elle ne sera qu'égratignée.

Maniere facile pour sçavoir aiguiser un Burin.
Planche dixiéme.

PRemierement j'ai mis au haut de la planche qui suit pour une plus grande intelligence, la forme d'un Burin tout emmanché, dessiné de plusieurs côtés, afin par ce moyen d'en faire mieux connoître toutes les parties ; sur quoi vous serez averti, que les Burins sortans de chez celui qui les fait, n'ont pas d'autre forme que quand vous les avez

aiguifez , elle eft communément en lozange , &
quelquefois approchant du quarré ; ceux en lozange font propres à faire un trait profond à proportion de leur largeur : lefdites figures vous montreront comme ils ont quatre côtés ; defquels il n'eft
befoin pour la gravûre que d'en aiguifer deux, favoir,
comme la Figure II. vous montre en plus grand,
les côtés marqués *a b* , & *b c* , puis en l'applatiffant
par le bout , fe fait la pointe ou angle folide *b* , qui
entre dans le cuivre , tellement que pour avoir ladite pointe *b* , bien vive , aigue & tranchante , il
faut avoir bien aiguifé lefdits deux côtés , & auffi
toute l'épaiffeur du Burin par le bout : & à cet effet
il faut être fourni d'une bonne pierre à l'huile bien
platte , & y appliquer le Burin deffus par un de fes
côtés, par exemple le côté *a b*,& le tenant ferme &
de plat fur ladite pierre humectée avec de l'huile d'o-
live, y appuyant fermement le premier doigt d'après
le pouce, autrement l'indice, ainfi que la figure III.
vous montre, en le pouffant vivement plufieurs
fois de *b a* , vers *o m* , & le retirant auffi vivement
de *o m* , vers *b a* , & cela jufqu'à ce que tout ledit
côté foit devenu bien plat , puis faut en faire autant du côté *b c* , de forte que l'arrête commune à
ces deux côtés foit bien vive , & tranchant en la
longueur d'un bon pouce ou environ.

Après vous lui ferez fa face de la façon que la Figure IV. vous montre, en tenant ledit Burin fermement fur icelle face, & le faifant aller & venir
vivement fur la pierre de *b*, à *c*, & en revenant
de *c*, à *b*, enforte qu'il ne varie point , d'autant
que ladite face ne feroit pas bien plate , fi l'on va-
rioit tant foit peu.

Que fi ladite face eft trop large , il ne faut qu'en
abbattre un peu les deux côtés *a d* , & *d c* , & prin-
G iij

cipalement l'arrête *d*, par le moyen de la pierre.

Et lorſqu'à force de ſe ſervir d'un Burin, il arri-ve que le bout où eſt la face devient trop gros, & qu'il y a de la peine ſur la pierre d'uſer ces deux cô-tés *a d*, & *d c*, l'on fait abattre ou uſer cela à un Remouleur ou Coûtelier, avec ſa meule de grez.

Vous jugez donc bien qu'ayant aiguiſé ainſi bien vivement ces deux côtés de Burin bien plats, & ſa face du bout, ledit Burin doit bien trancher le cuivre, & d'autant que le tout dépend de ſa poin-te, & que l'œil a peine de voir ſi elle eſt telle qu'il la faut ; pour le ſçavoir on a de coûtume d'eſſayer ſur un des ongles de la main, ſi ladite pointe en l'appuyant un peu deſſus, y prend & mord vive-ment.

La méthode de tenir & manier le Burin ſur le cuivre. **Planche onziéme.**

VOus voyez encore ſur cette planche, Figure d'enhaut, que quand le Burin a été emman-ché pour l'aiguiſer, la boule ou gros bout de l'em-manchure étoit toute entiere, & qu'en celui qui eſt à côté, il en a été coupé preſque la moitié qui ré-pond au droit & perpendiculairement à l'arrête comme aux deux côtés *b a*, & *b c* : tous les Gra-veurs en Taille-douce au Burin coupent d'ordinaire cette partie, afin que leur Burin ſe puiſſe mettre à plat ſur leur planche, comme vous allez voir en la maniere de le tenir par la Figure I. Vous y conſi-dérerez donc que la main le tient enſorte que ve-nant à le poſer de plat ſur la planche comme la Fi-gure II. vous montre qu'il faut que ladite arrête

foit tournée vers le cuivre , & qu'il n'y ait aucun
de vos doigts enfermés entre le Burin & ladite
planche , afin que par ce moyen vous le puiffiez
mener & conduire librement dans le cuivre , y en-
trant & fortant en faifant un trait gros au milieu &
déliée par les deux extrémités , ce que vous ne
pourriez bien faire fi vos doigts ou l'un d'eux
étoient entre le cuivre & le Burin.

C'eft pourquoi vous prendrez garde qu'il faut
que le gros bout rond du manche de votre Burin ,
foit appuyé près le creux de votre main ; afin d'être
appuyé contre le bout de l'os de votre bras , pour
par ce moyen avoir de la force pour furmonter facilement la réfiftance du cuivre , & principalement
lorfqu'il s'agit de faire de groffes & profondes hachûres : & pour ce qui eft de bien donner à entendre la fonction que doivent faire tous les autres
doigts en même-tems , je ne crois pas que cela fe
pût aifément faire avec des feules figures & à moins
que de le montrer effectivement au doigt & à l'œil;
& ceux qui ont accès auprès des Graveurs le peuvent facilement fçavoir d'eux , & en peu de tems.

Je me contenterai donc de dire , qu'il faut en gravant conduire votre Burin le plus que vous pourrez paralellement à votre Planche , d'autant que
faifant autrement en ayant les doigts entre le Burin
& le cuivre , il y entreroit en faifant un trait foit
droit ou courbe toujours de plus en plus profond ,
& par ce moyen vous ne pourriez pas fans le reprendre à deux fois , faire un trait tout d'un coup ,
dont l'entrée & la fortie foit déliée & le milieu
gros, comme il a été dit ci-devant en la Gravûre au
vernis dur , *page* 28.

C'eft pourquoi vous tâcherez de vous bien rou-
tiner à faire de ces traits droits & tournans , en en-

fonçant & foulageant de la main ledit Burin fuivant les occafions.

Et pour cet effet il faut que vous vous faffiez un petit couffinet d'un cuir affez fort, à peu près de la forme des pelotes dont les femmes & filles fe fer-vent pour mettre des éguilles & épingles : qu'il foit de la largeur d'un demi pied en quarré, & de la hauteur de trois ou quatre pouces étant rempli de fable affez fin, & vous poferez ce couffinet fur une table arrêtée fermement.

Puis vous poferez votre planche fur ce couffinet, afin de la tourner felon que les traits & hachûres vous y obligeront, ce qui ne fe peut encore repré-fenter parfaitement par des figures, vous jugez donc bien qu'il eft difficile de vous écrire ici tou-tes les obfervations néceffaires à cet effet. Car en pratiquant, chacun en reffent & remarque mieux les difficultés qu'il ne fçauroit comprendre en lifant, & voyant des figures ; il me femble auffi qu'il n'y a gueres de perfonnes qui veulent pratiquer cet art, qui n'ait vû ou ne puiffe voir comme on grave au Burin ; neanmoins il y a une chofe à vous dire que vous ne fçauriez peut-être pas, c'eft dans le cas que votre Burin vint à rompre ou à émouffer fa pointe en gravant, ce qui n'arrive d'ordinaire que trop ; lors donc que vous fentez que fa pointe fe rompt net, c'eft un témoignage qu'il eft trop dur trempé; c'eft pourquoi vous prendrez un charbon ardent, & en foufflant appliquerez le Burin deffus, puis quand vous verrez que le Burin jaunit, il le faut promptement tremper dans l'eau, & fi l'acier eft fort dur, il faut faire revenir ledit Burin comme de la couleur d'une cérife qui commence à rougir. Mais fi le Burin émouffe fa pointe fans fe caffer, c'eft figne qu'il ne vaut rien.

Vous serez de plus averti, qu'après avoir gravé quelques traits ou hachûres, il les faut ratisser avec la vive arrête ou tranchant d'un autre Burin, en le conduisant & raclant paralellement à la planche pour les ébarber, & prendre bien garde en ce faisant de n'y point faire de rayes, & afin de voir mieux ce que l'on a gravé, l'on fait d'ordinaire un tampon de feutre de chapeau noir un peu graissé d'huile d'olive ; & l'on frotte avec cela dessus les endroits gravés, & aussi en passant la main par-dessus toute la superficie de votre planche vous sentirez s'il n'est point resté des coupeaux qui se font du cuivre en le gravant, afin qu'en le sentant avec la main, vous les ôtiez en les ébarbant, comme il est dit, avec le tranchant du Burin, & si d'a-vanture vous aviez fait quelques rayes, vous les pouvez ôter avec le brunissoir, en épargnant les ha-chûres ; car si l'on appuyoit le brunissoir sur elles, cela les écacheroit toutes.

Il y a une chose à faire après que vous avez gra-vé & retouché vos planches, c'est de les limer par les bords en les remettant à l'équerre, premiere-ment avec une grosse lime, puis avec une plus dou-ce, & en émousser un peu les coins, & y passer en-suite le brunissoir, afin que la rudesse de la lime ne retienne point de noir en les imprimant.

Quand les Imprimeurs font curieux de leurs ou-vrages, ils soulagent les Graveurs de cette peine, mais bien souvent ils impriment les planches com-me elles leur font données, & partant c'est au Gra-veur à prendre le soin de ce que je viens de dire, s'il veut être curieux jusqu'au bout.

Des différentes manieres de Graver.

IL y en a qui montrent une grande facilité de Burin, les autres ont une maniere fatiguée ; on en voit qui affectent de croiser leurs tailles fort en lozange , & d'autres les font toutes quarrées. Ces manieres faciles dont j'entends parler , font celles de Goltzius , Muller , Lucas Kilian , Mellan , & quelques autres, qui femblent en plufieurs rencontres ne s'être attachés qu'à faire voir par un tournoyement de tailles , qu'ils étoient maîtres de leur Burin , fans fe mettre en peine de la juftefte des contours, des expreffions, ni de l'effet du clairobfcur qui fe trouve dans les deffeins & les Tableaux que l'on veut repréfenter.

Celles que je trouve fatiguées le font par une infinité de traits & de points confondus les uns dans les autres & fans aucun ordre , qui reffemblent plutôt à un deffein qu'à de la gravûre.

Il ne faut jamais croifer les tailles trop lozanges particulierement dans les chairs , parce qu'elles forment des angles aigus, qui font une piece de treillis tabizé fort défagréable , ce qui ôte à la vûe le repos qu'elle fouhaite fur toute forte d'ouvrages.

On ne doit croifer les tailles fi fort en lozange que dans quelques nuages , dans des tempêtes, pour repréfenter les vagues de la mer , dans les peaux des animaux velus , & cela fait auffi fort bien dans les feuillages des arbres.

La maniere entre quarré & lozange eft me femble plus utile & plus agréable aux yeux : auffi eftelle plus difficile à caufe que l'inégalité des traits

s'en remarque davantage, & quand je dis de faire
entre les deux, je ne dis point de faire tout à fait
quarré, parce que cela tient trop de la pierre.

De la façon de conduire les Tailles.

Premierement on doit regarder l'action des Figures & de toutes leurs parties, avec leur rondeur,
obferver comme elles avancent ou reculent à nos
yeux, & conduire fon Burin fuivant les hauteurs
& cavités des mufcles ou des plis, élargiffant les
tailles fur les jours, les refferrant dans les ombres,
& auffi à l'extrémité des contours, jufqu'où il faut
pouffer les coups de Burin pour ne les pas faire *ma-
chonés*, & foulageant fa main, de forte que les
contours foient formés & conclus, fans être tranchés ni durs. On en peut voir des exemples dans
les ouvrages du fameux Edelinck qui a bien poffedé
cette partie.

Quoique l'on quitte des tailles à l'endroit des
mufcles foit par néceffité, ou pour les former & en
faire l'effet plus commodément, il faut qu'elles
ayent toujours certaine liaifon & enchaînement de
l'une à l'autre : que la premiere taille ferve fouvent
par fes retours à faire les fecondes : cela marque
une liberté, & ce que l'on grave eft d'autant plus
beau qu'il paroît fait avec plus de facilité.

Que les tailles foient neanmoins toujours coulées
fort naturellement, fuyant les tournoyemens bizarres
qui tiennent plus du caprice que de la raifon. Mais
en même tems on prendra garde de ne pas tomber
dans cette droiture, comme beaucoup de jeunes
gens font lorfqu'ils veulent graver proprement, parce qu'il leur eft plus facile de pouffer des coups de
Burin peu tournés, que de les conduire fuivant ces

hauteurs & cavités des muscles, qu'ils n'entendent pas, parce qu'ils ne sçavent point assez dessiner.

Du poil, des cheveux, & de la barbe.

On doit commencer par faire le tour des principales touches, puis ébaucher les principales ombres, laissant de grands jours, d'autant qu'en achevant l'on couvre si l'on veut jusqu'à l'extrémité. Il faut que cette maniere d'ébaucher soit comme négligée, c'est-à-dire, faite avec peu de traits, & même qu'ils soient inégaux entr'eux, pour avoir lieu en finissant d'y mêler dans les vuides qui proviendront de ces inégalités, quelques traits plus déliés. Cette maniere me semble moins seche, car des poils si comptés sont durs : l'on en doit faire l'effet d'une taille autant qu'il sera possible, principalement quand les Figures ne sont pas bien grandes ; c'est pourquoi il ne faut point se lasser de rentrer tant qu'ils ayent la force nécessaire : & si l'on vouloit couler quelques secondes tailles du côté des ombres, pour mêler & donner plus d'union avec la chair, il faut qu'elles soient fort déliées.

De la Sculpture.

Si l'on veut représenter de la sculpture, l'on ne doit jamais faire l'ouvrage fort noir, parce que comme ces ouvrages sont ordinairement construits de pierre ou de marbre blanc, la couleur réfléchissant de tous côtés ne produit pas des bruns comme en d'autres matieres. Il ne faut pas mettre de points blancs dans la prunelle des yeux des Figures, comme si c'étoit d'après de la peinture, ni représenter les cheveux & la barbe comme le naturel, qui fait voir des

poils échapés & en l'air: ce seroit faire les choses contre la vérité, parce que la sculpture ne le peut faire.

Des Etoffes.

Le linge doit être gravé plus délié & pressé que
les autres étoffes, il peut être tout d'une taille; si
l'on y en met deux, il faut que ce soit en quelques
petits endroits seulement, & dans les ombres, pour
donner de l'union, & empêcher une âcreté que cela
pourroit faire se trouvant opposé contre ou sur des
draperies & autres corps bruns croisés de plusieurs
tailles.

Si c'est du drap blanc il doit être gravé de largeur, selon que l'étoffe en sera grosse ou fine, mais
de deux tailles seulement. On peut m'objecter que
l'on en a vû, où il y en avoit trois: je répondrai
que ces personnes là cherchoient l'expédition. Si
l'on peut mettre de la différence dans les étoffes
cette différence rend l'ouvrage plus agréable: mais
à la vérité les fatigues en sont bien plus grandes, &
le travail beaucoup plus long.

Il est a remarquer qu'en toute rencontre, lorsqu'on est obligé de croiser des tailles, il faut que
la seconde soit plus déliée que la premiere, & la
troisiéme, que la seconde; l'ouvrage en a plus de
douceur. Voyez ce qu'on en a dit ci-devant, p.70.

Les étoffes luisantes doivent être gravées plus
roides & plus droites que les autres, parce que
comme ordinairement elles sont de soye, elles produisent des plis cassés & plats, particulierement si
c'est du satin qui est dur à cause de sa gomme: ces
étoffes seront exprimées par une ou deux tailles,
selon que les couleurs en seront claires ou brunes:
entre les premieres tailles, il en faut joindre d'au-

tres plus déliées que nous appellons entre-deux.

Le velours & la panne s'expriment de la même façon avec des entre-deux ; la différence qu'il y a, c'est que les premieres tailles doivent être beaucoup plus grosses & plus nourries qu'aux autres étoffes, & les secondes tailles plus déliées, mais tenant de la nourriture des premieres.

Les métaux, comme des vases d'or, de cuivre, ou armures d'acier poli, se traitent encore de la maniere, avec des entre-deux, & ce qui produit ces luisans, c'est l'opposition des bruns contre les clairs.

De l'Architecture.

La Perspective nous montre qu'il faut que les tailles qui forment les objets fuyans tendent au point de vûe.

S'il se rencontroit des colonnes entieres, il seroit à propos que l'on en fit l'effet autant qu'il se pourra, par des perpendiculaires, à cause qu'en les traversant selon leurs rondeurs, les tailles qui se trouvent proche le chapiteau, étant opposées à celles qui sont à l'endroit de la base, font à la hauteur de l'œil un effet désagréable, à moins qu'on ne suppose une si grande distance qu'elle rende les objets presque paralelles.

Du Payfage.

Ceux qui ont la pratique de l'eau forte peuvent en faire le contour, particulierement du feuillage des arbres : cela est un peu plus prompt, & ne fait pas plus mal, pourvû qu'on ait la discrétion de ne le pas faire trop fort, & qu'en l'achevant avec le Burin, l'Eau Forte ne s'en remarque pas, d'autant qu'il n'auroit pas la même douceur.

Pour le bien faire, je tiens qu'il faut se conformer à la maniere d'Augustin Carrache, qui le touchoit merveilleusement bien : mais on peut le finir davantage suivant l'occasion. Villamene & Jean Sadeler l'ont aussi fort bien touché, ainsi que Corneille Cort qui en a gravé plusieurs d'après le Mutian qui sont très-beaux, & dont on peut se servir pour guide.

Des Montagnes.

Les tailles doivent être fréquemment quittées & brisées pour des choses escarpées: les secondes tailles droites, lozangées & accompagnées de quelques points longs : si ce sont des roches, il les faut contretailler plus quarrés & unis, d'autant que le caillou est ordinairement plus poli.

Il faut que les objets éloignés qui sont vers l'horizon, soient tenus fort tendres & peu chargés de noir, quoique la masse parut brune, comme il pourroit arriver à quelques ombres supposées par des accidens de nuées contre des échappées de soleil : d'autant que ces ombres & ces clairs quelque forts qu'ils paroissent, sont toujours foibles en comparaison de ceux qui sont sur les Figures ou autres corps qui se trouvent sur le devant du Tableau, à cause de la grande distance & de l'air qui se rencontre entre ces objets.

Des Eaux.

Parmi les eaux, il s'en trouve de calmes, ou d'agitées par les flots, comme celles de la mer, ou par des chûtes, comme celles des cascades. Quant aux calmes, on les représentera par des tailles fort droites & paralelles à l'horison, avec des entre-

deux plus déliés ; obmettant quelques endroits qui
feront par ces clairs échappés le luifant de l'eau ;
on exprime auffi par les mêmes tailles rentrées plus
fort ou plus foible , felon que que les chofes le re-
querent , & même par quelques tailles perpendiculaires , la forme des objets réfléchis & avancés en
diftance fur l'eau ou fur les bords , lefquels objets
font plus ou moins expliqués , felon qu'ils fe rencontrent plus ou moins proches du devant du Tableau ; fi ce font des arbres , ils doivent être expri-
més par un contour , particulierement fi l'eau en
eft claire & fur le devant du tableau , parce que la
repréfentation qui s'en fait fe trouve auffi expliquée
qne la chofe même.

Pour les eaux agitées , comme font les flots de la
mer , les premieres tailles doivent fuivre l'agitation
des flots , & les contre-tailles doivent être fort lozangées. Si ces eaux tombent de quelque roche
avec rapidité , il faut que les tailles foient fuivant
leur chûte , y mêlant auffi des entre-deux , & que
les luifans qui fe trouveront aux endroits où la lumiere frappe à plomb , foient fort vifs , principalement fi c'eft fur le devant du Tableau.

Des Nuages.

Il eft bon que le Burin fe joue quand les nuages
paroiffent épais & agités , en le tournoyant felon
leur forme & leur agitation : s'ils produifent des
ombres qui obligent à y mettre deux tailles , il faut
qu'elles foient croifées plus lozanges que les Figures , parce que cela fait un certain tranfparent qui
convient fort à ces corps qui ne font que des va-
peurs ; mais que les fecondes tailles foient maîtri-
fées des premieres.

On

On fera les nuées plates qui se vont perdre insensiblement avec le ciel par des tailles paralelles à
l'horison, un peu ondoyées conformément à l'é-
paisseur qui en paroîtra. S'il y faut des secondes,
qu'elles soient plus que moins lozangées, & lorsqu'on viendra aux extrémités, il faut si bien soula-
ger sa main, que cela ne forme aucun contour.

Le ciel plat & uni se representera par des tailles
paralelles, mais fort droites sans aucun tournoyement.

Maximes générales pour la Gravûre au Burin.

POur conserver de l'égalité & de l'union dans
ses ouvrages, il faut ébaucher de grandes parties avant que de les finir, par exemple, une, deux
ou trois figures, si c'est de l'histoire & que les Figures soient groupées : & que dès cette ébauche
le dessein y soit si fort établi que l'on y connoisse
toutes choses à la réserve de la force qui y manque,
comme si on vouloit que l'ouvrage restât de la sorte : parce que si l'on attend à faire le dessein en
finissant, bien souvent l'on s'y trouve trompé, &
même l'on n'y peut plus revenir à moins que d'effacer, ce que bien des gens ne veulent pas faire,
de crainte de gâter la netteté de leur Burin, où ils
ont mis tout leur soin, croyant que tout le sçavoir
d'un Graveur ne dépend que de-là : c'est ce qui fait
qu'on voit quantité d'Estampes où le cuivre est bien
coupé, mais sans aucun art.

Si quelqu'un conclud de-là qu'il est donc inutile
de bien graver, je répondrai qu'il faut autant qu'il
se peut joindre à la correction & à la justesse du des-

H

fein, la beauté du Burin; mais non pas de l'abandonner entierement pour celle-ci , & faire fon capital
de ces derniers allechemens , qui rendent fouvent
les ouvrages noirs , fades , & fans vie.

Je ne prétens pas pour cela que l'on tombe à faire fes ouvrages gris : je fouhaite au contraire qu'ils
ayent de la force : car la force d'une Eftampe ne
confifte pas dans la noirceur , mais dans la dimi-
nution ou dégradation des clairs aux bruns , que
l'on doit faire plus ou moins vifs , felon qu'ils feront proches ou éloignés de la vûe , & même fi
l'on examine les ouvrages des grands Maîtres l'on
trouvera qu'ils ne font pas noirs , à moins qu'ils ne
le foient devenus par le tems. Ils ont particulierement imité la nature qui ne l'eft point , principalement dans les chairs , à moins qu'ils n'ayent voulu repréfenter quelque fujet de nuit , éclairé d'un
flambeau ou d'une lampe.

Les petits ouvrages demandent d'être gravés
plûtôt déliés que gros , & avec des Burins un peu
lozanges , mais que la taille n'en foit point aride &
maigre , quoique les Figures foient petites. Si l'ouvrage requeroit d'être extrêmement fini , il ne faut
pas pour cela qu'il paroiffe fatigué & tué de travail,
mais au contraire qu'il foit touché avec art , de forte qu'on le croye fait promptement & fans peine ,
quoique travaillé en effet avec beaucoup de foin.

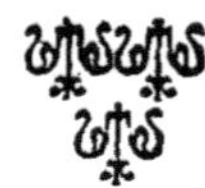

De la Gravûre en grand.

POur les grands ouvrages, c'est-à-dire, quand les Figures sont puissantes on les doit graver un peu larges; il faut que les tailles en soient fermes & nourries, grandes & continuées autant qu'il se pourra; c'est-à-dire, qu'elles ne soient quittées qu'aux endroits des muscles ou plis qui le demanderont précisément: l'on doit s'efforcer de même qu'aux petits ouvrages à persuader que le travail est fait facilement & sans beaucoup de peine, comme j'ai dit ci-devant.

S'il faut rentrer dans les tailles, ce qu'on ne peut éviter de faire en beaucoup d'endroits, principalement dans les ombres, si l'on veut bien rendre l'effet d'un Tableau dans sa force & dans son union, on les rentrera au contraire du sens qu'on les a ébauchées, & avec un Burin plus lozange: cela contribue beaucoup à la vivacité & à la netteté de l'ouvrage.

On ne doit point faire trop de travail sur les jours, mais les passer légerement & avec peu de traits, c'est-à-dire, que les jours soient vagues & que les demi-teintes, si l'on veut finir jusqu'à l'extrême, soient fort claires; au contraire, si elles étoient trop noires, elles extermineroient & empêcheroient l'effet, parce qu'on ne pourroit que très-difficilement trouver dans les ombres, des bruns pour soutenir & donner de la force & de la rondeur. Si l'on travaille d'après des desseins originaux, ils doivent plutôt être gravés avec de grands jours & de grandes ombres, d'autant que quelque

finis qu'ils puiffent être , il n'y a jamais tant de détail que dans des Tableaux peints , qui requie-
rent auffi beaucoup plus de foin & de travail à caufe
des différentes couleurs.

L'on m'objectera peut-être qu'il eft impoffible
d'imiter les couleurs , vû que l'on n'a que du blanc
& du noir. Mais quand je parle de les imiter , je ne
prétens pas faire une diftinction du vert au bleu ,
du jaune au rouge , & ainfi des autres couleurs ,
mais feulement en imiter les maffes comme ont fait
avec fuccès Woftermans , Bolfwert , & quelques
autres lorfqu'ils ont gravé d'après Rubens. Il eft
certain que les ouvrages où cette partie fera traitée
par un Graveur fçavant & entendu feront bien plus
agréables & feront un plus bel effet. Il faut donc ,
comme je viens de le dire , que le Graveur foit intelligent & habile homme , parce qu'il fe rencontre quelquefois des couleurs claires fur d'autres
claires , qui ne font d'effet que par leur différence ,
& qui caufent ce que nous appellons un corps per-
cé , accident fort à éviter , parce qu'il ruine l'intelligence du clair obfcur. Il faut auffi prendre garde à ne pas exterminer les principales lumieres , en
affectant par trop d'imiter les couleurs , furtout aux
Figures de devant , car cela les empêcheroit d'a-
vancer , & rompróit entierement l'intention du
Peintre.

Nous ne nous étendrons pas d'avantage fur cette
partie de la Gravûre qui elle feule demanderoit un
Traité entier , fi l'on vouloit entrer dans le détail
de toutes fes parties & rendre compte de toutes
fes circonftances , mais ce que nous venons d'en
dire peut fuffire à un homme intelligent , & avec le
fecours des Eftampes des grands Maîtres que nous
avons cités dans cet ouvrage , un peu de pratique

pourra le conduire à une plus grande perfection. Nous finirons ce Traité par une façon de graver particuliere, appellée *en maniere noire*, qui eſt devenue fort à la mode depuis quelque tems, ſurtout dans les Pays Etrangers, & dont perſonne juſqu'ici, n'a encore parlé, & nous ferons voir enſuite le moyen de contrefaire avec cette eſpece de Gravûre les Tableaux des grands Maîtres, par une nouvelle maniere d'imprimer en pluſieurs couleurs, qui imite beaucoup la peinture. M. le Blon, Anglois, paſſe pour l'Inventeur de cette découverte, & a gravé pluſieurs portraits en grand qui ont fort bien réuſſi, tels que celui du Roi, du Cardinal Fleuri, de Vandeick, & quelques têtes gravées en petit, qui ſont touchées avec beaucoup d'intention & de goût : ce ſont ſans contredits les meilleurs morceaux qui ayent paru en ce genre de Gravûre.

De la Gravûre en maniere noire.

COmme cette façon de graver eſt facile & propre pour les Peintres & autres gens de goût qui ſçavent deſſiner, on a crû faire plaiſir aux amateurs d'en donner ici le mécaniſme. Cette Gravûre a l'agrément d'être beaucoup plus prompte & plus expéditive que celle en Taille-douce : il eſt vrai que la préparation du cuivre eſt longue & ennuyeuſe, mais auſſi l'on peut ſe repoſer de ce travail ſur des gens qu'on aura dreſſé à cela, ou à leur défaut on peut en charger le premier venu, car il n'y a perſonne qui n'en puiſſe venir à bout, il ne s'agit pour cela que d'un peu de ſoin & d'attention, & de beaucoup de patience.

H iij

De la Préparation du Cuivre.

AYant donc un cuivre bien poli & bruni, comme on l'a dit ci-devant page 12 , on se sert pour le préparer d'un outil d'acier appellé *Berceau*: on le voit représenté sur la Planche 12. Fig. A & B. Cet outil a d'un côté un bizeau *c* sur lequel on grave des traits droits *a* fort près les uns des autres, & très-également : ensuite on le fait tremper par le le Coûtelier. Il faut que la partie de l'outil qui doit travailler sur le cuivre soit d'une forme circulaire , afin qu'on puisse le conduire sur la planche sans qu'il s'y engage , & surtout que les coins en soient bien relevés : autrement ils marqueroient plus que le milieu & feroient des taches ou des endroits plus noirs que le reste. On l'éguise sur la pierre en arrondissant toujours les coins , par le côté *d* où il n'y a point de traits gravés : cela donne un fil très-aigu aux petites dents *b* formées par les hachûres; ensuite on conduit ce Berceau sur le cuivre le long des lignes que l'on a tracé , en le balançant sans appuyer beaucoup. Voici l'ordre qu'il faut tenir pour préparer bien également son cuivre.

Supposant que la largeur AC , ou BD , (Planche 13.) soit à peu près le tiers de la largeur de l'outil ; car il n'y en a guere que le tiers qui puisse atteindre le cuivre ; on divise les quatre côtés de la planche en autant de parties égales qu'elle a de fois cette largeur AC , comme on le voit sur la Planche 13. On les a marqué par des lettres capitales & de gros traits. Vous tirerez d'abord les lignes horisontales AB , CD , &c. & posant le milieu du berceau au point A , vous le conduirez en balançant & en appuyant médiocrement le long de

la ligne A B. Vous le poferez enfuite au point C,
& le conduirez de la même façon le long de la ligne CD ; vous ferez la même chofe fur les lignes
EF, GH, &c. jufqu'au bas de la planche. Ayant
tiré enfuite les lignes perpendiculaires AN, PQ,
&c. vous conduirez le Berceau fur ces lignes comme vous avez fait fur les horizontales. On trace
enfuite les diagonales TD, RF, PH, &c. & l'on
fait fur ces lignes la même opération. Enfin on tire
les diagonales en fens contraire PC, RE, TG, &c.
& on les prépare de la même façon.

Cette premiere opération étant faite, vous tracerez de nouveaux carreaux plus bas d'un tiers que
les premiers : c'eft-à-dire, qu'ayant divifé la largeur AG en trois parties égales Aa, aɪ, ɪC,
vous tirerez de nouvelles lignes *ab*, *cd*, *ef*, &c.
marquées par de petites lettres, & des traits déliés fur la planche ɪ3. Vous y conduirez l'outil en
le pofant au milieu de chacune de ces lignes, comme on vient de le dire. Vous en ferez de même fur
les perpendiculaires *no*, *pq*, *rs*, &c. enfuite fur les
diagonales *na*, *pc*, *re*, &c. & fur les diagonales
en fens contraire ɪ9 *b*, ɪ7 *d*, ɪ5 *f*, &c. ce qui
fait la feconde opération.

Enfin vous redefcendrez au fecond tiers de la largeur AC, marqué fur la planche ɪ3. par l'efpace
ɪC, & vous tracerez de nouvelles lignes fur votre
cuivre, comme on les voit ici diftinguées par des
lignes ponctuées & des chiffres ɪ2, 34, 56, &c.
& vous conduirez le berceau fur toutes ces ponctuées tant horizontales & perpendiculaires, que
diagonales des deux fens, comme on a déja fait aux
deux premieres fois.

Ces trois opérations étant achevées, c'eft ce
que l'on appelle *un tour*, & pour qu'une planche

foit préparée d’un grain bien noir & bien uni, il
faut avoir fait vingt tours, c’eft-à-dire, qu’il faut
recommencer vingt fois tout ce que nous venons
de dire. Au refte tous les traits & les lignes qui fervent à diriger le Berceau fur le cuivre doivent être
tracés fort légerement avec de la craye très-tendre,
de peur de rayer la planche. On prendra garde
auffi de ne point trop appuyer le Berceau, & de
le conduire jufqu’au bout de la ligne tout de fuite
fans s’arrêter de peur de faire des taches ou des inégalités de noir, & afin que le grain foit d’un velou-
té égal par tout & bien moëlleux, car c’eft de l’é-
galité & de la fineffe que dépend toute la beauté de
cette Gravûre.

Quand la planche eft entierement préparée, on
calque fon trait fur le cuivre en frottant le papier
du trait par derriere avec de la craye : comme ce
blanc ne tient pas beaucoup & qu’il s’efface aifément, on peut le redeffiner enfuite avec de la mine
de plomb, ou bien à l’encre de la Chine ; l’encre
commune ne vaut rien pour cela, parce qu’elle fé-
journe dans le grain, & qu’on a beaucoup de peine
à l’en faire fortir.

Explication de la Planche 12.

A. *Berceau qui fert à préparer les Planches.*
B. *Profil du Berceau.*
a. *Lignes gravées fur l’outil pour y former les petites
    dents b.*
c. *Bizeau fur lequel font gravés les traits.*
d. *Petit Bizeau qui fe forme en aiguifant l’outil fur
    la pierre.*
C. *Petit berceau à remettre du grain.*
D. *Racloir pour graver.* E. *Profil du Racloir.*
F. *Outil fervant de grattoir par un bout, & de bru-
    niffoir par l’autre.*

Des outils qui servent à graver en maniere noire.

ON se sert d'un outil appellé *racloir*, (Planche 12. Figure D & E.) on l'éguise sur le plat de son plus large côté, afin que l'angle qu'il fait avec les deux petites faces du bout soit toujours bien mordant. On se sert aussi de *grattoirs*, & de *brunissoirs*, ainsi que dans la Gravûre en Tailledouce, mais ils sont plus petits afin de n'effacer que ce qu'il faut précisément, & de former des coups de lumiere étroits sans toucher à ce qui est à côté.

Cette Gravûre se fait en grattant & usant le grain, de façon qu'on ne le laisse pur que dans les touches les plus fortes : c'est la même chose que si on dessinoit avec du blanc sur un papier noir. On commence d'abord par les masses de lumieres & les parties qui se détachent généralement en clair de dessus un fond plus brun ; on va petit à petit dans les reflets, enfin l'on prépare légerement le tout par grandes parties, après quoi l'on noircit toute la planche avec le tampon de feutre, pour en voir l'effet. Ensuite on continue de travailler en commençant toujours par les grandes lumieres.

On prendra garde surtout de ne point trop se presser d'user le grain dans l'espérance d'avoir plûtôt fait, car il n'est pas facile d'en remettre quand on en a trop ôté, surtout dans les lumieres, mais il doit rester toujours partout une légere vapeur de grain, excepté sur les luisans. Comme il pourroit cependant arriver qu'on auroit usé certains endroits plus qu'il ne falloit, on a plusieurs petits berceaux de différente grandeur dont on se sert pour y remettre du grain. L'on en voit la représentation sur la Planche 17. Figure C.

Toutes sortes de sujets ne sont pas également propres à ce genre de Gravûre : ceux qui demandent de l'obscurité comme les effets de nuit, ou les tableaux où il y a beaucoup de brun comme ceux de Rimbrant, de Benedette, quelques Tenieres, &c. sont les plus faciles à traiter, & font le plus d'effet. Les portraits y réussissent encore assez bien, comme on le peut voir par les beaux morceaux de Smith & de G. White, qui sont les plus habiles Graveurs que nous ayons eu en ce genre. Les Paysages n'y sont pas propres, & en général les sujets clairs & larges de lumiere sont les plus difficiles de tous, & ne tirent presque point, parce qu'il a fallu beaucoup user la planche pour en venir à l'effet qu'ils demandent.

Au reste le deffaut de cette Gravûre est de manquer de fermeté & généralement ce grain dont elle est composée lui donne une certaine mollesse qui n'est pas facilement susceptible d'une touche sçavante & hardie. Elle peint d'une maniere plus large & plus grasse que la Taille-douce, elle colore davantage, & elle est capable d'un plus grand effet par l'union & l'obscurité qu'elle laisse dans les masses ; mais elle dessine moins spirituellement & ne se prête pas assez aux saillies pleines de feu que la Gravûre à l'Eau forte peut recevoir d'un habile Dessinateur. Enfin ceux qui ont le mieux réussi dans la Gravûre en maniere noire, ne peuvent gueres être loués que par le soin avec lequel ils l'ont traitée, mais pour l'ordinaire ce travail manque d'esprit, non par la faute des Graveurs, mais par l'ingratitude de ce genre de Gravûre qui ne peut seconder leur intention.

De la façon d'imprimer les Planches.

LA Gravûre en maniere noire est difficile à imprimer parce que les lumieres & les coups de clair qui doivent être bien nettoyés sont creux, & lorsqu'ils sout étroits la main de l'Imprimeur ne peut point y entrer assez pour les bien essuyer sans dépouiller ce qui est à côté. C'est pourquoi l'on se sert alors d'un petit bâton pointu enveloppé d'un linge mouillé pour atteindre dans les endroits où la main ne sçauroit entrer. Le papier sur lequel on veut imprimer doit être vieux trempé, & d'une pâte fine & moëlleuse. On prend du plus beau noir d'Allemagne, & on le prépare un peu lâche. Il faut que la planche soit encrée bien à fond & à plusieurs reprises, & essuyée avec la main & non pas au torchon. Au reste cette Gravûre ne tire pas un grand nombre de bonnes épreuves, & s'use fort promptement.

De l'Impression en plusieurs couleurs.

LA maniere noire a donné occasion d'inventer une sorte de Gravûre colorée qui imite beaucoup la Peinture. Elle se fait avec plusieurs Planches qui doivent représenter un seul sujet, & qu'on imprime chacune avec sa couleur particuliere, sur le même papier. Ces couleurs par leur différens degrés & leur mélange, produisent des tons approchans des tableaux qui servent d'originaux. On a

pour cet effet trois planches de cuivre de même
grandeur bien égalisées & limées de façon qu'elles se
rapportent exactement l'une sur l'autre. Ces trois
cuivres sont gravés & préparés comme pour la maniere noire, & l'on calque sur chacun le même dessein. Chaque planche est destinée, comme on vient
de le dire, à être imprimée d'une seule couleur : il
y en a une pour le rouge, l'autre pour le bleu, &
la derniere pour le jaune. On efface sur celle qui
doit être imprimée en rouge, toutes les parties où
il ne doit point entrer de rouge, comme par exemple la prunelle de l'œil, ou des étoffes d'une autre
couleur, &c. On y forme seulement les parties où
le rouge domine comme les lévres, les joues, &c.
& dans les autres parties qui ne demandent qu'un
œil rousfâtre, comme les masses d'ombre, & en
général toute la peau qui doit être vermeille, on y
laisse un petit grain tendre, & seulement capable
de faire étant imprimée avec les autres couleurs un
ton mêlé tel qu'on le désire.

Sur la Planche qui doit être tirée en bleu on efface tout-à-fait les choses qui sont rouges, & l'on ne
fait qu'attendrir celles qui doivent participer de ces
deux couleurs ; on laisse entierement celles où le
bleu doit dominer. On en fait de même sur la planche destinée pour le jaune. L'on imprime ensuite
chacune de ces planches sur le même papier avec la
couleur qui lui convient. A l'égard de l'ordre que
l'on doit suivre pour l'impression de ces trois couleurs, il varie suivant que l'exigent les sujets que
l'on veut représenter. On sçaura seulement en général qu'il faut commencer par la couleur qui est la
moins apparente dans le Tableau, & réserver la
couleur dominante pour être imprimée la derniere.
Quelquefois même on est obligé de graver deux

planches pour la même couleur, pour faire un plus
grand effet, & alors la seconde planche de la même couleur, s'imprime la derniere & ne sert qu'à
attendrir & glacer les autres couleurs. On se sert
aussi de terre d'ombre & même de noir pour former des masses d'ombre & leur donner plus de vigueur. Toutes les couleurs qu'on employe pour
cette impression doivent être transparentes, ensorte que paroissans sur l'épreuve l'un au travers de
l'autre, il en résulte un mélange qui imite plus parfaitement le coloris d'un Tableau. Pour conserver
plus long-tems ces épreuves & les faire mieux-res-
sembler à de la Peinture, on les colle sur toile, &
on les tend sur un chassis, pour les encadrer dans
une bordure, ensuite l'on passe par-dessus cette impression un beau vernis pareil à celui que l'on met
sur les Tableaux.

Au reste cette espece de Peinture réussit assez
bien à imiter les choses qui sont de couleur entiere
comme les Plantes, les Fruits, & les Anatomies :
mais pour les tons de chairs ils sont composésd'un
mélange trop difficile pour qu'on puisse en atten-
dre un grand succès. Il en est de même des Paysages & des sujets d'histoire qui ne sont pas propres
à être exécutés par ce genre de gravûre. Cette invention pourroit être portée à un certain dégré de
perfection, si d'habiles gens vouloient s'y exercer
& y mettre leurs soins : cependant elle n'a encore
produit jusqu'ici que des choses au-dessous du médiocre, excepté quelques portraits gravés par feu
M. le Blon, dont on a parlé ci-dessus. Le deffaut
général de presque toutes les Productions de cette
espece, qui ont paru depuis la mort de cet Auteur,
est qu'elle sont trop bleuës, & que cette couleur
y domine de façon à effacer toutes les autres.

Principes de la Gravûre & de l'Impreſſion qui imite la Peinture.

POur dire quelque choſe de plus précis & de raiſonné ſur ce nouvel Art, nous rapporterons ici un extrait d'un Livre devenu extrêmement rare, compoſé par M. le Blon, & imprimé à Londres, il y a environ quinze ans, en Anglois & en François; il a pour titre *Il Coloritto*, ou l'Harmonie du Coloris dans la Peinture, réduite à des principes infaillibles, & à une pratique méchanique, avec des figures imprimées en couleur pour en faciliter l'intelligence. Par Jacques Chriſtophe le Blon; *in-quarto*, orné de cinq Planches.

M. le Blon voulant fixer la véritable harmonie des couleurs dans la Peinture, prouve dans ce Livre que tous les objets peuvent être repréſentés par trois couleurs primitives, ſçavoir le rouge, le jaune, & le bleu. Qu'avec le mêlange de ces trois couleurs on peut compoſer toutes les autres, & même le noir; ce qui s'entend des couleurs matérielles dont on ſe ſert dans la Peinture. Car le mêlange des couleurs primitives contenues dans les rayons du Soleil, (qu'il appelle couleurs impalpables) produiſent au contraire le blanc; comme M. Newton l'a démontré dans ſon Traité d'Optique. Ainſi, ſuivant ce principe, le blanc réſulte du mêlange des couleurs impalpables & n'eſt qu'une concentration ou excès de lumiere; le noir au contraire eſt une privation ou défaut de lumiere, & eſt cauſé par le mêlange des couleurs matérielles.

Ces réflexions ont conduit naturellement cet Auteur à la maniere de repréſenter tous les objets avec leur couleur naturelle , par le moyen de trois planches gravées comme on vient de le dire, & des trois couleurs primitives. C'eſt ainſi qu'il a fait cette belle découverte , quoique depuis la naiſſance de l'Impreſſion en Taille-douce on eut fait pluſieurs tentatives inutiles pour réuſſir dans cette pratique ; on l'avoit même eſtimée impoſſible , juſqu'à ce que M. le Blon eut trouvé le moyen de la rendre publique il y a près de trente ans, par quelques morceaux de ſa façon qu'il fit paroître alors.

Pour cet effet , après avoir déterminé le ſujet qu'on veut repréſenter & avoir diſtribué les deſ-ſeins ſur chaque planche ſuivant l'effet qu'elle doit faire étant tirée avec les autres ſur le même papier, on grave ces planches preſqu'entierement en ma-niere noire , excepté les ombres un peu fortes & quelquefois les contours qui ſont gravés au Burin, à la maniere ordinaire , lorſque la touche en doit être ferme. On ne grave point entierement le ſujet ſur chaque planche , mais on n'y marque que l'éten-due de couleur que chacune doit recevoir pour s'ac-corder avec les deux autres , & rendre avec elles la Peinture complette.

L'Art d'imprimer en couleur ſe réduit donc 1°. A repréſenter un objet quelconque avec trois couleurs & par le moyen de trois planches qui doivent ſe rapporter ſur le même papier. 2°. A faire les deſ-ſeins ſur chacune des trois planches , de façon que les trois deſſeins s'accordent exactement. 3°. A graver les trois planches de façon qu'elles ne puiſ-ſent manquer de ſe rapporter enſemble. 4°. A trou-ver les trois vrayes couleurs matérielles primitives, & les préparer de maniere qu'elle puiſſent s'impri-mer , être belles & durer long-tems. 5°. Enfin à tirer les trois planches avec aſſez d'adreſſe pour

qu'on ne s'apperçoive point après l'Impreſſion de la
façon dont elles ſont tirées.

Le premier de ces articles , qui eſt le plus conſidérable , appartient à la théorie de l'invention , &
les autres ſont abſolument néceſſaires pour la pratique mécanique ; ils ſont même d'une telle importance que ſi la moindre choſe vient à manquer, l'exécution n'a aucun ſuccès. Quelquefois on peut employer plus de trois planches , quand la beauté ou
la difficulté du ſujet l'exige.

Voilà à peu près tout le fin de cet Art , qu'il ſeroit facile de perfectionner ſi des perſonnes ſça-
vantes dans le deſſein & dans la Peinture daignoient
en prendre la peine ; car ſans ſe reſtraindre aux trois
couleurs primitives que M. le Blon indique , on
pourroit y employer différentes terres brunes pour
faire des maſſes d'ombre , comme l'ocre , le brun
rouge , la terre d'ombre , le biſtre , &c. & les encrer dans l'endroit où il en ſeroit beſoin ſur chaque
planche , avec un petit tampon fait exprès , & qui
ne ſerviroit que pour cette couleur. Par ce moyen
on imiteroit beaucoup mieux la peinture que par le
mélange dur & mal entendu de ces trois couleurs
employées pures & toutes ſeules , comme on le fait
ordinairement dans ces ſortes d'ouvrages.

Fin de la Troiſiéme Partie.

MANIERE

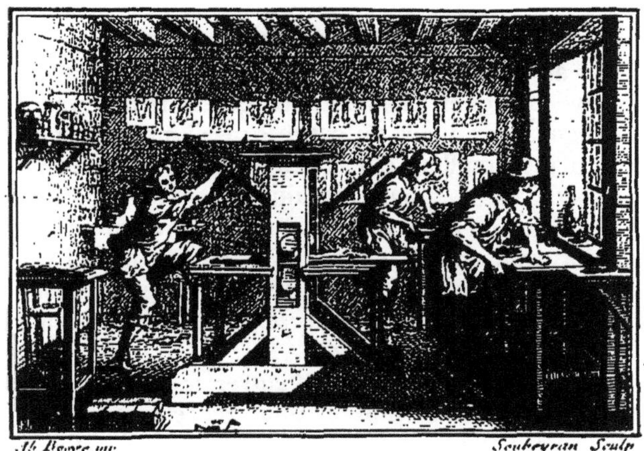

MANIERE

D'IMPRIMER EN TAILLE-DOUCE,

ET DE

CONSTRUIRE LES PRESSES.

✳✳✳✳✳✳✳✳✳✳✳✳✳✳✳✳✳✳✳✳✳✳✳✳✳✳✳✳✳✳✳

QUATRIE'ME PARTIE.

AVERTISSEMENT.

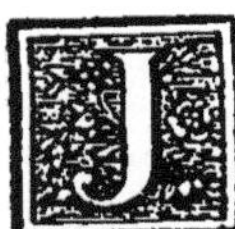J'Avois eu deffein en ce Traité de m'éten-
dre fort peu fur la maniere d'imprimer les
planches gravées, comme n'étant point
de ma profeffion, mais quelques perfonnes m'ont fait entendre que pour le contentement
de chacun, il ne feroit pas inutile d'en traiter un

I.

peu au long , afin que ceux qui pourroient avoir
gravé quelques planches , & qui se trouveroient
éloignés des lieux où cette sorte d'imprimerie est
en usage , puissent par ce Livre en avoir quelque
connoissance , pour s'en aider en cas de besoin.
D'ailleurs c'est un Art dont jusqu'apréfent on n'a
point traité par écrit , que je sache , & qui est absolument nécessaire pour faire voir l'effet des planches gravées tant à l'Eau forte qu'au Burin , n'ayant
été inventé que pour elles.

Cela m'a donc obligé d'entrer ici dans tout le
détail qui m'a été possible pour représenter toutes
les pieces d'une Presse à imprimer en Taille-douce
par différentes figures , & d'en expliquer le mieux
que j'ai pû toutes les particularités nécessaires pour
faire une bonne impression. Et comme en traitant
du moyen de faire construire la Presse , de la mon-
ter , assembler , & garnir de tout ce qui lui est nécessaire , j'ai été obligé de faire passer la planche
entre les rouleaux de cette presse , avant que de
l'avoir encrée , & d'avoir parlé de la façon de cuire
l'huile , d'aprêter le noir, de tremper le papier,&c.
Il est nécessaire d'avertir que le discours qui explique toutes ces choses , est après celui qui traite de
la construction de la Presse , & de la maniere de
faire passer la table de la Presse & la planche entre
les deux rouleaux.

Explication des pieces qui composent la Presse.
Planches 14. 15. 16. 17. 18. & 19.

IL y a plusieurs pieces qui composent une Presse
pour imprimer en Taille-douce les planches gravées à l'Eau forte ou au Burin ; on en a représenté
toutes les parties sur les Planches suivantes, & voici
l'explication des lettres de renvoi qu'on a mis sur
ces Planches pour l'intelligence du discours.

A. Pieds de la Presse dégagés en dessous sur leur
    longueur ; pour mieux poser sur leurs extrêmi-
    tés *e.*

B. Jumelles, retenues de chaque côté dans les pieds
    A. par des tenons chevillés *.

C. Bras de la Presse.

D. Portans arrêtés aux bras de la Presse par les
    vis *n.*

E. Colomnes qui soutiennent les bras de la Presse.

F. Chaperon, ou chapiteau de la Presse, assemblé
    à queuë d'hyronde dans les deux Jumelles, où il
    est encore retenu de chaque côté par deux vis *g.*

G. Sommier arrêté aux deux Jumelles par les vis *h.*

H. Rouleau inférieur qui doit être beaucoup plus
    gros que l'autre.

I. Rouleau supérieur dans lequel on ajuste la croi-
    sée.

K. Croisée servant à tourner la Presse.

L. Lieu où doit se placer l'Imprimeur pour marger
    sa Planche.

M. Table de la Presse avancée du côté de l'Impri-
    meur pour y poser la Planche.

N. Clef pour ferrer les vis de la Preffe.

O. Tenon quarré du Rouleau fupérieur qui entre dans l'ouverture quarrée du milieu de la croifée.

P. Langes rejettés fur le Rouleau fupérieur, pour rabaiffer enfuite fur la Planche quand elle eft placée & couverte de papier blanc.

Q. La Planche pofée fur la table de la Preffe, & placée dans fa marge.

R. Côté de la Preffe où l'Imprimeur fait paffer la Planche.

S. Langes pofés fur la planche qui va paffer fous le rouleau.

T. Ais ou planche élevée fur quelque chofe pour pofer les épreuves à mefure qu'on les tire, quand la table eft paffée derriere la Preffe.

V. Autre Ais pour pofer les épreuves quand la table eft pardevant la Preffe.

X. Autre planche placée fur le chaperon de la Preffe, où eft le papier fur lequel on doit imprimer.

Y. Cordes tendues au plancher fur lefquelles on étend les épreuves tirées.

Z. Eftampes qui féchent fur les cordes.

abcd. Morceau de bois quarré, épais d'un pouce & demi, ou deux pouces, pour fortifier le centre de la croifée, où il eft arrêté par quatre vis, *abcd*.

e. Extrémité des pieds de la Preffe plus élevés que le refte, pour l'affermir davantage.

f. Ouverture des Jumelles pour y paffer les tenons des rouleaux, & où l'on doit placer les boëtes & les cartons.

g. Deux vis pour tenir le chaperon dans la Jumelle.

h. Deux autre vis pour affermir le fommier qui lie les Jumelles par en bas.

i. Boëtes fur lefquelles pofent les tenons des rouleaux.

k. Concavité ou dedans des boëtes garni de taule polie, à caufe du frottement des tenons.

l. Cartons coupés également pour mettre dans l'ouverture des Jumelles.

m. Cheville pour arrêter la croifée dans le tenon du rouleau fupérieur.

n. Vis qui arrêtent les portans avec les bras de la Preffe.

o. Tampon pour encrer la Planche.

p. Encrier où fe met le noir tout prêt à imprimer.

q. Rebord de l'encrier large & plus élevé que le fond, où fe place le tampon.

r. Coûteau qui fert à nettoyer de tems en tems le tampon & le rebord de l'encrier quand le noir s'eft endurci.

ſ. Poële à mettre du feu, qui fe place fous le gril, pour chauffer la Planche.

t. Gril quarré, élevé fur quatre pieds de huit à neuf pouces de hauteur, fur lequel l'Imprimeur pofe fa Planche pour l'encrer, & pour l'effuyer en premier.

u. Spatule fervant à remuer le noir.

x. Table de bois de noyer où l'Imprimeur effuye la Planche en fecond.

y. Boëte fur laquelle eft pofée la table à effuyer : on y renferme les chiffons blancs, les maculatures, le papier à faire des marges, &c.

z. Petit tampon ou bouchon de ferge roulée, pour huiler & frotter les Planches après qu'elles ont été imprimées.

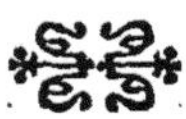

Repréſentation Géométrale de la Preſſe vûë de profil. Planche 14.

VOus voyez en cette Planche l'aſſemblage des pieces qui compoſent un des côtés de la preſ-ſe, de ſorte qu'en ayant fait encore un autre qui lui ſoit pareil en toutes ſes parties, il ne reſte plus que trois ou quatre pieces qui lient ces côtés enſemble, pour achever la Preſſe. Entrons dans un plus grand détail.

Il y a deux pieces qu'on nomme les pieds de la Preſſe, comme celles marquées A. On les évuide un peu dans leur longueur pardeſſous, pour affermir la Preſſe, & la faire mieux porter ſur leurs extrémi-tés *e e.*

Deux autres pieces qu'on nomme Jumelles, mar-quées B ayant chacune une ouverture *f*, de 20 à 24 pouces de hauteur, & de 5 à 6 de large, per-céc d'outre en outre à angles droits, pour recevoir les tenons des rouleaux, les boëtes & les cartons.

Quatres boëtes *i.* garnies de taule polie dans leur concavité *k*, pour durer plus long-tems, & pour réſiſter à l'effort & au frottement du tenon des rou-leaux qui tourne dedans ; le dehors de ces boëtes eſt garni d'une quantité de cartons minces, ou ma-culatures griſes, coupés de la grandeur de la boë-te, & l'on en met aſſez pour achever de remplir l'ouverture *f* quand les rouleaux & les boëtes y ſont placées.

Il faut prendre garde que le creux de ces boëtes ſoit une portion d'un cercle beaucoup plus grand que le tenon des rouleaux, & cela pour la facilité

de tourner la preſſe , & pour que le tenon ne touche ſur cette boëte que le moins qu'il eſt poſſible.
L'expérience ayant fait voir qu'en les conſtruiſant
comme M. Boſſe l'enſeigne , le frottement étoit ſi
conſidérable , que les tenons ſe caſſoient ſouvent
en tournant la preſſe. On doit avoir ſoin outre cela
de graiſſer le dedans des boëtes avec du vieux oint
pour diminuer encore le frottement.

Il y a quatre pieces C nommées les bras de la
preſſe, qui ſont aſſemblées par devant & par derriere
aux Portans D.

Quatre colomnes E pour ſoutenir les bras de la
preſſe dans leſquelles ils s'enclavent par en haut,
& par en bas aux pieds de la preſſe.

La piece marquée G qu'on appelle ſommier, qui
ſert à entretenir les deux Jumelles B par en bas, &
qui y eſt retenue par deux vis *h*.

Les deux rouleaux H I, qu'on voit par le bout
ſur cette planche, & dans leur longueur ſur la planche ſuivante. On obſervera de faire le rouleau inférieur H beaucoup plus gros & plus fort que celui
de deſſus I, la Preſſe en tourne bien plus facilement;
outre cela plus le rouleau ſupérieur eſt petit, plus la
Preſſe ſerre exactement, ce qui en rend l'impreſſion beaucoup plus belle. Quand le rouleau inférieur
devient défectueux, on peut encore le faire retourner : c'eſt dans cette intention qu'on y laiſſe un tenon quarré de pareille grandeur à celui du rouleau
ſupérieur , comme on le voit Planche 15. parce
qu'étant diminué, il peut ſervir alors de rouleau
ſupérieur ; on a marqué ici par des cercles ponctués
la groſſeur de chaque rouleau , pour faire voir la
proportion qu'on doit garder entr'eux. Si l'on con-
ſtruiſoit une Preſſe plus grande que celle dont on
donne ici les deſſeins, on augmenteroit le diamétre
des rouleaux à proportion.   I jv

On a négligé de mettre des chiffres pour marquer les mesures de chaque piece , parce que cela
auroit trop embrouillé les desseins, & qu'on auroit
eu trop de peine à les appercevoir dans les figures
ombrées : on y a suppléé en mettant une échelle au
bas de la planche, avec le secours de laquelle il sera
facile à chacun de prendre avec un compas les proportions de chaque partie.

*Représentation Géométrale de la Presse vûë en
face.* Planche quinziéme.

IL est aisé de s'appercevoir par cette Planche que
les deux moitiés de la Presse sont liées ensemble
par le chaperon F qui retient les deux jumelles B
par en haut ; par les deux portans D qui sont attachés aux quatre bras C de la Presse ; & par le sommier G qui tient les deux jumelles B par en bas. Il
ne s'agit plus que d'y mettre les rouleaux, la croisée & la table.

Pour cet effet on coupe proprement des cartons
minces ou des maculatures grises de la grandeur des
boëtes *i* ou de l'ouverture des jumelles ; on mettra
de ces cartons une assez grande quantité dans l'ouverture *f* pour faire l'épaisseur de quatre ou cinq
pouces , ou environ : sur ces cartons *l* on posera
une des boëtes sur son plat, de façon que le creux
de la boëte qui est garni de taule se trouve en dessus:
on fera la même chose à l'autre jumelle , & l'ayant
garnie de cartons & de sa boëte , on y passera le
rouleau inférieur ensorte que la partie ronde du tenon pose de chaque côté sur le creux de la boëte.
On placera ensuite le rouleau supérieur immédiate-

ment fur celui de deſſous ; puis la boëte, dont le creux entrera dans la rondeur du tenon, & le plat fera en deſſus pour recevoir aſſez de cartons mis l'un ſur l'autre, pour qu'ils achevent de remplir l'ouverture de la jumelle. Ayant fait la même opération de l'autre côté la Preſſe ſe trouvera montée, & en état de recevoir la table.

On a deſſiné en grand ſur cette planche les deux boëtes qui doivent garnir un des côtés de la Preſſe, avec les cartons qui les accompagnent, ſoit en deſſus ſoit en deſſous, ſuivant la maniere dont ils ſont placés dans la jumelle pour retenir les deux rouleaux.

On voir ſur cette planche les rouleaux mis en leur place, & l'on a marqué par lignes ponctuées la partie ronde du tenon qui entre dans l'ouverture des jumelles : on y voit auſſi la façon dont la croiſée K eſt entrée dans la partie quarrée O du tenon du rouleau ſupérieur I, comme il eſt repréſenté en perſpective dans la planche ſuivante, pour mieux faire connoître la forme des bras de cette croiſée.

On fera attention en plaçant le rouleau inférieur H, de faire enſorte qu'il ſoit d'environ un pouce plus haut que le Portant de la Preſſe D ; autrement la table qui poſe ſur ce rouleau frotteroit trop contre ce portant, en paſſant deſſus quand on tourne la Preſſe ; elle pourroit même être gênée au point de reſter immobile & de l'empêcher de tourner.

La table M doit être plus longue que la Preſſe d'environ ſix pouces & avoir la même largeur que le dedans de la Preſſe, il faudra ſeulement laiſſer un demi pouce de jeu de chaque côté pour qu'elle paſſe facilement ſans frotter contre les jumelles.

L'épaisseur de cette table est d'un pouce & demi ou deux pouces au plus, la faisant diminuer en talud par les deux bouts pour pouvoir entrer plus facilement entre les deux rouleaux. Il faut qu'elle soit ainsi épaisse pour plus de solidité, & pour pouvoir la redresser de tems en tems quand elle devient défectueuse, ce qui la diminue d'épaisseur.

Toutes les Pièces de la Presse se font de bois de chêne bien sec & sain, à la réserve de la table & des rouleaux qui doivent être de bois de noyer sec & sans aubier; on en fait aussi de bois d'orme, mais ils ne sont pas si bons que ceux de noyer, & ne peuvent servir que pour des rouleaux de dessous. Il faut qu'ils soient tous de bois de quartier, & non pas de rondin, & qu'ils soient tournés bien cylindriquement & paralellement. Si par hazard un rouleau vient à se fendre, on l'arrêtera par les deux bouts avec des cercles ou viroles de fer, ayant fait auparavant des entailles au bois assez larges & profondes pour y faire entrer la virole, ensorte qu'elle ne déborde point le bois.

Vûë perspective de la Croisée. **Planche 16ᵉ.**

Vous devez avoir compris par les figures précédentes & par ce qu'on vient de dire, que la croisée sert à faire tourner le rouleau de dessus, qui étant pressé fermement contre la table, l'entraîne à mesure qu'il tourne, puis cette table posant sur le rouleau de dessous, elle le fait tourner de façon que le rouleau supérieur tourne d'un sens, & l'inférieur tourne de l'autre sens.

Il faut bien prendre garde si la table passant en-

tre les deux rouleaux en est serrée également dans
toute sa superficie en dessus & en dessous, mais
principalement en dessus, c'est pourquoi la table
doit être exactement plane, & les rouleaux tournés au Tour avec toute l'attention possible, ensorte
qu'étant couchés l'un sur l'autre il ne paroisse point
de jour entre-deux.

Pour être assuré que la Presse serre également
partout, on trace avec du blanc d'Espagne sur la
table de la Presse une ligne droite sur sa longueur
& une autre en travers sur sa largeur; quand ces
deux lignes ont été marqués sans interruption sur
le rouleau en tournant la Presse, c'est une preuve
qu'elle est juste. Quand on veut charger plus ou
moins la Presse, il ne s'agit que d'y mettre quelques
cartons de plus ou de moins de chaque côté; mais
on doit bien être attentif à en mettre une égale
épaisseur de part & d'autre, autrement la Presse seroit chargée plus d'un côté que de l'autre, & im-
primeroit inégalement.

Je reviens à la forme de la croisée K; je l'ai mise
deux fois sur cette planche, l'une comme en la Figure d'en haut où elle est toute seule, puis en bas je
l'ai fait voir emboîtée au tenon quarré O du rouleau supérieur 1. *abcd* est un morceau de bois plat
& quarré épais d'un pouce, qui ne sert qu'à fortifier le centre de la croisée, parce que c'est l'endroit
où elle reçoit le plus d'effort. Il est attaché à la croisée par quatre vis *abcd* qui entrent dans les quatre
coins de cette piece de bois. On en a vû le profil
sur la planche précédente. Cette croisée s'ôte & se
remet au tenon O toutes les fois qu'il en est besoin,
n'y étant arrêtée que par une cheville *m*. On verra
ci-après la façon dont l'Imprimeur fait tourner cette
croisée, Planche 18.

Les bras de la croifée repréfentée ici font un peu
courts ; on fçaura en général que la croifée doit ex-
ceder la hauteur de la Preffe d'environ un demi
pied, c'eft-à-dire que pour une Preffe de quatre
pieds & demi, qui eft la hauteur ordinaire qu'on
leur donne, il faut que la croifée ait cinq pieds de
hauteur : cela donne plus de facilité pour tourner la
Preffe.

---

*Repréfentation perfpective de la Preffe vûë par
devant, garnie de fes pieces, & prête à
imprimer.* Planche 17.

APrès avoir mis & ajufté la table dans la Preffe, ce qui fe fait en préfentant le bout le plus
mince de la table entre les rouleaux, & en l'y pouffant avec force d'une main, tandis qu'on tourne la
croifée avec l'autre jufqu'à ce que les rouleaux la
retiennent ; la planche étant encrée comme nous le
dirons ci-après, & prête à imprimer, l'Imprimeur
fe place debout en L en face devant le milieu de la
Preffe, ayant la plus grande partie de la table avancée de fon côté. Alors il pofe uniement un de fes
langes fur la table, puis deux ou trois autres pardeffus, enforte que le lange de deffus déborde un
peu vers le rouleau fur celui de deffous, & celui-ci
fur l'autre, & ainfi de fuite quand il y en a plufieurs
afin que le rouleau puiffe mordre plus facilement
fur chacun de ces langes quand on tourne la croifée ;
car vous jugez bien qu'étant rangés ainfi par éta-
ges, le rouleau de deffus venant à entraîner la table
montera plus aifément fur ces langes. Quand il a
anticipé la valeur d'un pouce fur le dernier, l'Im-

primeur renverſe proprement & tout à la fois ces
langes ſur le rouleau, comme on le voit en P : enſuite il prend une feuille de papier blanc de la grandeur de celui qu'il a trempé la veille pour tirer ſa
planche, & il la colle proprement ſut la table de
la Preſſe pour lui ſervir à marger juſte ſa planche ;
ſur cette feuille collée il met la planche gravée qu'il
veut imprimer toute encrée, il l'arrange ſuivant la
marge qu'il veut lui donner, le côté gravé en deſſus, comme on le voit en Q, puis il poſe doucement ſur ce côté gravé la feuille de papier blanc
deſtinée pour imprimer, & pardeſſus cette feuille
une autre feuille de papier gris mouillé à l'éponge,
appellé ordinairement maculature. Enfin il renverſe doucement pardeſſus tout cela les langes qu'il
avoit rejettés ſur le rouleau, & en tournant la croiſée lentement & également, il fait paſſer le tout de
l'autre côté de la Preſſe, comme on va le voir ſur
la planche ſuivante.

*Perſpective de la Preſſe vûë par le côté, où l'on
a repréſenté l'Imprimeur tournant la
croiſée.* Planche 18.

V Ous voyez ſur cette planche l'Imprimeur qui
tourne la croiſée doucement & non par ſe-
couſſes, pour que l'eſtampe vienne nette & ſans
être pochée, maculée, ni doublée. Si la planche
n'eſt pas d'égale épaiſſeur partout, il met entre la
table & la planche des morceaux de carton mince
ou de gros papier appellés hauſſes, qu'il déchire
ſelon la forme deſdites inégalités. Et quand la planche eſt ainſi paſſée vers le côté R, deſorte que le

rouleau ne porte plus fur le papier, mais feulement
fur le bout des langes S, il va du côté R, & leve
les langes tous enfemble, les renverfant fur le rouleau, comme on vient de le dire, & enfuite il leve
la maculature, qu'il pofe fur les langes.

Après cela ayant effuyé fes doigts au linge blanc
qui eft attaché devant lui, il prend par les deux
coins la feuille qui eft fur la planche, il la leve très-
doucement de peur que la force du noir n'écorche
le papier, & l'ayant confidéré un inftant pour voir
fi tout a bien marqué, il la pofe à côté de lui en T
ou en V, puis il reprend la planche & va la repor-
ter fur le gril pour l'encrer, comme on le dira ci-
après.

Et l'ayant de rechef encrée & effuyée, il revient
la remettre fur la table précifément au même endroit
où elle étoit la premiere fois, en y mettant de même une autre feuille de papier trempé, puis la même maculature dont il s'eft déja fervi, fans la mouil-
ler davantage, après quoi il renverfe encore fur
tout cela les langes, comme ci-devant, & fe plaçant du côté R, & tournant le moulinet bien également, il fait repaffer la table de la Preffe & la
planche du même côté d'où elle étoit partie. Après
cela il releve comme ci-devant les langes, la maculature, & la feuille imprimée, de deffus la planche, puis il va r'encrer fa planche, & continue de
fuite tant qu'il eft néceffaire.

Il eft bon de vous dire que pour la commodité
de l'Imprimeur, il y a vers chaque côté de la Preffe
R, S, en quelqu'endroit qui ne l'incommode point,
deux ais ou planches T V, pofées fur quelque chofe qui les éléve à hauteur d'appui & recouvertes
d'une feuille de papier gris fur laquelle il pofe à plat
& uniement les unes fur les autres les eftampes à

mesure qu'il les tire. Sçavoir quand il est en R, il met sur l'ais T l'estampe qu'il vient de tirer, & de même lorsqu'il est du côté S, il la pose sur la planche V. De plus il met sur le haut de la Presse nommé chaperon, le papier trempé sur lequel il doit imprimer, ainsi qu'on le voit sur cette planche en X.

Quand l'Imprimeur a fini son ouvrage, il étend le soir même ou le lendemain matin sur des cordes nettes & bien tendues comme Y, les estampes Z qu'il vient de tirer, les laissant ainsi sur les cordes jusqu'à ce que le noir & le papier soit bien sec. Alors il les retire des cordes en les remaniant douzaine à douzaine, pour ôter le pli de la corde ; & les ayant laissés en presse un jour ou deux, il les empilera, ou emfermera dans un coffre, ayant soin de les tenir toûjours pressés ; cela fait bien revenir & sécher le noir.

Avant de finir cet article j'expliquerai ce qu'on entend par épreuve & contr'épreuve. Epreuve, s'entend de la premiere, seconde, troisiéme estampe, qu'on vient de tirer d'une nouvelle planche, ou d'une vieille qu'on remet en train. La contr'épreuve se fait de cette façon. On met l'épreuve fraîchement faite sur la planche par son envers, on pose dessus cette épreuve une feuille de papier blanc trempée à l'ordinaire, ensuite une maculature par-dessus, humectée à l'éponge, puis on renverse les langes sur le tout, & on tourne la croisée pour faire passer la planche & l'épreuve entre les rouleaux. Ayant levé cette feuille on trouve que l'épreuve a décalqué dessus une empreinte qui est à rebours de l'estampe, & c'est ce qu'on appelle contr'épreuve. On fait cela ordinairement pour mieux voir à corriger & retoucher la planche, parce que cette contr'épreuve eſt du même ſens que le deſſein & la planche, & qu'elle eſt toûjours beaucoup plus tendre, c'eſt-à-dire, moins noire que l'épreuve, & par conſéquent plus aiſée à retoucher.

Maniere d'encrer la Planche pour la faire paſſer enſuite ſur la table de la Preſſe, entre les deux rouleaux. Planche 19.

VOtre planche étant donc toute gravée, limée, ajuſtée, & prête à imprimer, vous la poſerez par ſon envers ſur le gril *t* ſous lequel eſt la poële à feu *ſ* qui contient un feu de charbons recouvert de cendres pour l'entretenir plus égal & le faire durer plus long-tems. Ayant laiſſé un peu chauffer cette Planche vous la prendrez de la main gauche par un de ſes coins, & la tenant fermement & à plat ſur ce gril, vous prendrez de la main droite le tampon *o*, vous le tremperez légerement dans l'encrier *p* pour y prendre ſuffiſamment de noir, & vous le porterez ſur le côté gravé de votre planche, puis en coulant, preſſant, & tapant fortement & en tous ſens ce tampon par toute la ſurface gravée, vous ferez bien entrer & tenir le noir dans les tailles; obſervant que ſi c'eſt une planche neuve, qui ſoit grande, & où il y ait des traits de Burin profonds & larges, comme ſeroit le cadre ou bordure d'une planche, il faut repaſſer encore le tampon ſur ces traits, & même y mettre du noir avec le doigt en le coulant le long des tailles profondes pour les remplir de noir, & l'y faire tenir. Ceci ne ſe fait qu'à la premiere épreuve, parce qu'il reſte toujours aſſez de noir dans les tailles après que la
planche

planche a été tirée pour n'être pas obligé de faire la même chose aux autres épreuves toutes les fois qu'on encre la planche. Quand le tampon dont on se sert est neuf, il faut prendre trois ou quatre fois plus de noir qu'il n'en est besoin quand on en a un qui a déja servi, parce que ce tampon ayant beaucoup travaillé, se trouve rempli & tout abbreuvé de noir.

Souvenez-vous de tenir toujours votre tampon en un endroit où il soit proprement, afin qu'il ne s'y attache aucune ordure ni gravier qui seroient des rayes sur la planche en l'encrant. C'est pourquoi on le pose toujours sur le devant de l'encrier, dont on fait le rebord large & plus élevé que le fond de l'encrier afin que l'encre ne puisse se répandre ou barbouiller le tampon. Quand il arrive qu'ayant beaucoup imprimé, ou ayant discontinué le travail pendant quelque tems, le tampon devient dur par le bas à cause du noir qui s'y attache & se durcit en séchant, alors il en faut couper quelques rouelles ou tranches minces, avec un coûteau qui coupe bien, & s'en servir ensuite comme auparavant.

Ayant donc bien fait entrer ainsi du noir dans toutes les tailles & traits gravés sur votre planche, & ayant remis votre tampon sur le rebord de l'encrier, qui est la place où il doit toûjours être, comme on l'a déja dit, vous prendrez un torchon, & en essuyerez légerement le plus gros du noir de votre planche, & ce qui peut être resté de noir autour & à l'envers de la planche en la posant sur le gril ; puis quittant ce premier torchon que vous laisserez sur le gril ou tout proche, vous porterez la planche sur la table x qui doit être à côté du gril vers la gauche, & passant légerement & har iment la paume de la main sur cette planche, vous en ôte-

K

rez petit à petit tout le noir fuperflu , ayant foin
d'effuyer à mefure le noir qui s'attache à la main
qui travaille, à un torchon blanc que vous tenez de
l'autre main , & avec lequel vous arrêtez fermement la planche de peur qu'elle ne gliffe & s'échap-
pe quand vous y paffez le plat de la main pour la
nettoyer , en la coulant tantôt en long ou en large
tantôt de biais & en travers de la planche, pour n'y
laiffer que le noir qui eft néceffaire dans les tailles.
Voyant donc qu'il n'y a plus de noir ni aucune tache fur la planche aux endroits où il n'y a rien de
gravé, & qui par conféquent doivent venir blancs,
après l'impreffion , comme la marge du papier ;
alors il faut effuyer les bords & épaiffeur de la
planche , & même la table où vous venez de travailler , afin que le tout foit net , & vous remettrez encore votre planche fur le gril. Quand elle
fera paffablement chaude , ayant effuyé votre main
à un linge blanc , vous la frotterez de blanc d'Efpagne, & reportant la planche fur la table , vous y
pafferez pardeffus légerement cette main ainfi blan-
chie , cela fait extrêmement bien pour les planches
gravées en grand , comme les portraits , & autres
ouvrages qui demandent plus de foin & d'attention qu'à l'ordinaire.

Préfentement il faut bien prendre garde de ne
plus toucher votre planche par l'endroit gravé, de
peur qu'elle ne contracte quelque faleté , mais la
prenant par l'envers & par fes côtés, vous l'irez
pofer fur la table de la preffe , comme on a dit ci-
devant , fur la feuille de papier blanc que vous y
avez collée pour fervir de marge, & ayant effuyé
vos doigts au petit torchon blanc qui pend devant
vous, vous prendrez une des feuilles de papier que
vous avez trempé de la veille , & qui doivent être

placées fur le fommier de la Preffe, & vous la poferez légerement fur la planche, enfuite la maculature, puis vous renverferez les langes pardeffus, &
ainfi du refte, ce qu’il eft inutile de répéter, l’ayant
déja dit à l’article précédent.

Il eft bon d’avertir ici qu’il faut faire enforte que
la main qui effuye la planche ne foit point fuante,
car alors il vaudroit mieux l’effuyer avec le chiffon
comme font aujourd’hui beaucoup d’Imprimeurs
pour les morceaux d’Architecture & autres qui
n’exigent pas tant de fujettion que les Portraits.
En ce cas, après avoir quitté le premier torchon
fur le gril, on en reprend un autre plus propre fur
la table, avec lequel on effuye en fecond, & quand
on voit que la planche eft nette, après en avoir
effuyé comme ci-deffus les bords, épaiffeur, & le
deffous, on prend un troifiéme chiffon blanc, humecté avec de l’eau commune, & on le paffe pardeffus toute la planche pour achever de nettoyer
tout ce qui doit être blanc. Vous jugez bien par ce
qu’on vient de dire qu’il n’eft pas néceffaire que le
premier torchon foit fin, ni propre, ne fervant qu’à
ôter le plus gros du noir, & qu’on peut s’en fervir long-tems, pourvû que le noir ne s’y endurciffe
point, car alors il faut le jetter & en reprendre un
autre. A l’égard du torchon dont on fe fert en fecond, quand il devient paffablement fale, il faut
le faire fervir de premier torchon, & en reprendre un blanc en place, mais pour le dernier torchon, il doit toujours être propre & fin, & dès qu’on
voit qu’il eft un peu gras ou fale, on le fait fervir
en fecond, & l’on en prend un autre qu’on humec-
te comme ci-devant avec une éponge qui trempe
toujours pour cet ufage dans le pot &. Quelques
Imprimeurs fe fervent d’urine, au lieu d’eau, mais

cela eſt pernicieux pour les planches , & ſalit les blancs par quantité de taches & de petits trous qu'elle fait au cuivre , ainſi on doit bien ſe garder d'en faire uſage. L'Imprimeur outre ces torchons a devant lui un tablier , & pardeſſus un petit linge blanc attaché par devant à ſa ceinture pour y eſſuyer ſes doigts quand il faut prendre la feuille de papier blanc pour imprimer , & quand il eſt queſtion de la relever de deſſus la planche après l'impreſſion.

Quand on a achevé de tirer ce qu'il falloit d'une planche , on prend un petit tampon ou bouchon à l'huile z fait d'un vieux morceau de lange ou autre étoffe de laine roulé , (pareil à ceux dont on a parlé page 105. à l'occaſiou de la Gravûre au Burin) & ayant laiſſé un peu chauffer ſa planche ſur le gril, on y verſe très-peu d'huile , puis la frottant avec ce bouchon en appuyant fortement , on délaye ainſi le noir qui étoit reſté dans les tailles & on l'en fait ſortir , en eſſuyant bien fort avec un torchon blanc. Et pour être aſſuré qu'il n'y a plus rien dans les tailles de la gravûre , on en tire une épreuve ſur du papier gris ou maculature mouillée à l'éponge , & cela acheve de vuider la planche parfaitement ; & c'eſt ce qu'on appelle faire une épreuve à l'huile. Quand cette maculature eſt bien ſéche , on enveloppé la planche avec , pour la préſerver de la pouſſiere mettant l'Impreſſion en deſſus , afin de reconnoître la planche , & on la ſerre en un endroit propre , où elle ne puiſſe contracter aucune humidité.

S'il arrivoit que la planche fut pleine de noir ſéché dans les tailles , faute d'avoir pris ces précautions , ce qui fait que les épreuves paroiſſent foibles & comme ſi la planche étoit uſée , alors il faudroit la vuider en la façon ſuivante. Quand on en a une quantité à nettoyer à la fois , on prend le

grand cuvier de cuivre qui sert à tremper le papier,
on le pose sur deux grands chenets, ou autre chose,
& l'on fait du feu dessous ; on met toutes les planches au fond du cuvier, & pardessus quantité de cendres passées au tamis, avec de la soude & beaucoup
d'eau, ensorte qu'elles en soient toutes couvertes, on
les laisse ainsi bouillir quelques heures, puis on les retire & on les lave tout de suite dans un autre bacquet plein d'eau froide pour en ôter toute la cendre & on les met égouter quelque part en les posant debout contre la muraille ; on se donnera bien
de garde de les essuyer, de crainte qu'il ne soit resté
quelque gravier ou de la cendre qui feroit des rayes
sur la gravûre. Quand on n'a qu'une seule planche
à vuider & qu'elle est passablement grande, on la
pose par son envers sur le gril, & ayant couvert toute la planche d'un bon doigt d'épaisseur de cendres
passées au tamis & humectées & détrempées avec
de l'eau, on fait pardessous un feu clair assez grand
pour l'échauffer partout & faire bouillir doucement
la cendre mouillée, au bout de quelque tems la
cendre aura détrempé & attiré tout le noir qui étoit
resté dans les tailles, & il ne sera plus question que
de nettoyer la planche avec beaucoup d'eau qu'on
versera dessus, jusqu'à ce qu'il n'y ait plus de cendres, ni gravier.

Il y a beaucoup d'autres observations à faire sur
la maniere d'imprimer en Taille-Douce, mais ceux
qui liront avec attention ce Traité pourront y suppléer avec un peu de jugement, surtout en pratiquant cet Art. Je vous dirai seulement qu'il y a des
nécessités où l'on pose sur la table de la Presse premierement des langes, puis une maculature, & ensuite le papier, carte ou autre chose surquoi l'on
veut imprimer, & l'on renverse la Planche la gra-

vûre en deſſous, puis deux ou trois langes par-deſſus, afin que la Planche ne ſe courbe point trop &
qu'elle ne gâte point le rouleau lorſqu'on tourne la
croiſée, & le tout paſſe & s'imprime comme ci-
devant. Cela ſe fait ainſi quand la ſujettion le re-
quiert, comme pour l'impreſſion des images ſatinées, ou bien quand il faut tirer pluſieurs petites
Planches à la fois ſur une même feuille de papier,
& lorſqu'on eſt obligé d'imprimer ſur du carton ou
du papier ſi épais qu'on ne peut appercevoir ni ſentir la Planche au travers, ce qui eſt eſſentiel pour
pouvoir la marger juſte.

L'on pourroit auſſi imprimer des Planches avec
beaucoup d'autres ſortes de couleurs bién broyées
& alliées avec la même huile pour les couleurs brunes, & pour les claires, on ſe ſert d'autre huile
épaiſſie, purifiée & dégraiſſée.

Et comme en faiſant imprimer un jour en cette
façon, je me ſuis apperçu qu'on avoit de la peine
à faire attacher le noir bien épais ſur l'or & l'argent
appliqués d'abord ſur ce papier, carton ou autre
choſe, j'ai penſé que cela pourroit auſſi arriver à
d'autres. Pour y remédier, il n'y a qu'à bien mêler
dans une partie du noir, par exemple, de la groſſeur
d'un œuf, une demie cuillerée de fiel de bœuf allié
& mêlé avec un peu de vinaigre & de ſel commun,
ayant l'attention de n'accommoder de noir avec ce
fiel qu'autant qu'on en a beſoin pour être employé
en deux heures de tems, parce que ſi l'on en apprê-
toit davantage à la fois, il ſe gâteroit.

*Enluminûres beaucoup plus belles que celles
qu'on fait ordinairement.*

EN confidérant avec attention les Eſtampes ou
Images ſatinées imprimées en pluſieurs couleurs, dont je viens de parler, cela me fit penſer à
faire le contraire de ce que font ordinairement les
Enlumineurs d'Images, car au lieu qu'ils appliquent
leurs couleurs ſur l'impreſſion, je m'aviſai de faire
enſorte que cette impreſſion fût ſur les couleurs.

Suppoſons, par exemple, que vous ayez une
Planche toute gravée d'une figure que vous voulez
vêtir de deux ou trois couleurs, par exemple, le
chapeau gris, les cheveux un peu bruns, le manteau rouge, l'habit d'une couleur, les bas d'une
autre, &c. Premierement vous aurez une planche
de cuivre toute polie, ajuſtée & limée de la même
grandeur de l'autre, deſorte qu'étant appliquée deſſus, elle s'y rapporte exactement de tous côtés, &
ayant verni cette planche d'un vernis blanc, que l'on
a enſeigné ci-devant, page 93. & prenant une
épreuve toute fraîche tirée de la planche gravée,
mettez cette planche vernie blanc ſur ladite impreſſion préciſément dans la même place ou la planche gravée a fait ſon empreinte, ayant étendu auparavant ſur la table deux langes pardeſſus l'Eſtampe, & deux ou trois autres pardeſſus la Planche,
vous ferez paſſer le tout entre les rouleaux, après
quoi vous verrez que la figure ou eſtampe premie-
ment imprimée ſur le papier, aura fait une empreinte ſur la planche vernie en forme de contre épreuve, dont nous avons parlé ci-deſſus, page 143.

K iiij

Enfuite vous graverez fur la Planche vernie avec une pointe bien fine les fimples contours du chapeau, des cheveux, du manteau, &c. & les ferez creufer fort peu à l'eau forte. Puis vous en ôterez le vernis & en ferez tirer des eftampes fur du papier fort & alunné, ou fur du carton très-mince & battu que vous aurez humecté en le mettant à la cave quelques nuits, ou bien en le laiffant quelque tems en preffe entre des papiers mouillés. Ces épreuves étant faites, & le papier ou carton étant bien fec, il faut coucher à plat de rouge toute la place renfermée dans le contour du manteau, mettre une couche de biftre dans la place du chapeau, & ainfi du refte.

Cela étant fait, vous mettrez encore cette feuille ainfi colorée, à la cave pour la rendre humide, comme on vient de le dire, puis ayant bien étendu quelques langes fur la table de la preffe, vous l'y poferez le côté de la couleur en deffus, & après avoir encré la premiere planche qui eft entierement gravée, vous la mettrez fur cette feuille le côté gravé en deffous, précifément dans l'enfoncement que la planche des contours y a déja fait, puis deux ou trois langes pardeffus, &c. & vous la ferez paffer entre les rouleaux. Alors en relevant la feuille, vous trouverez l'eftampe imprimée pardeffus ces couleurs, ce qui les rend plus tranfparentes & infiniment plus belles que les enluminûres ordinaires.

Des Camayeux.

AU commencement du seiziéme siécle on ima-
gina en Italie & en Allemagne l'art d'imiter
en estampes, les desseins lavés, & l'espece de peinture à une seule couleur, que les Italiens appellent
Chiaro-Scuro, & que nous connoissons sous le nom
de *Camayeux* : avec le secours de cette invention
on exprima le passage des ombres aux lumieres, &
les différentes teintes du Lavis. Cela pourroit faire
croire que feu M. le Blond, Anglois, Auteur de
l'Impression qui imite la Peinture, dont nous avons
parlé à la fin de la troisiéme Partie de cet Ouvrage,
n'a fait que perfectionner cet Art en l'étendant à la
Peinture en différentes couleurs, puisque sa méthode a pour objet d'imiter le coloris des tableaux, &
les différentes teintes que le Peintre forme sur sa pa-
lette. Celui qui fit cette découverte en Italie se nom-
moit *Hugo da Carpi* ; on voit de lui de fort belles
choses en ce genre, qu'il a exécutées d'après les desseins de Raphaël, & du Parmesan. François Perrier,
Peintre originaire de Franche - Comté, connu par
quantité de beaux ouvrages, & surtout par le recueil
des Statues antiques qu'il a gravées à Rome d'après
les originaux : donna aussi au Public, il y a environ
cent ans des Estampes tirées sur du papier gris un
peu brun, dont les contours & les hachûres étoient
imprimées de noir, & les rehauts de blancs, le tout
en forme de Camayeux, ce qui parût, au rapport
de M. Bosse, non-seulement nouveau, mais encore
si beau qu'il en rechercha l'invention, & voici la
maniere qu'il enseigne.

Il faut avoir deux Planches de pareille grandeur exactement ajustées l'une sur l'autre ; l'on peut
sur l'une d'elles graver entierement ce que l'on désire , puis la faire imprimer de noir sur un papier gris
& fort, ainsi qu'on vient de dire au sujet des enluminûres. Et ayant vernie l'autre Planche , comme ci-
devant , & l'ayant mise le côté verni dans l'endroit
de l'empreinte que la Planche gravée a faite en imprimant sur cette feuille, la passer de même entre les
rouleaux : ladite Estampe aura faite sa contr'épreuve sur la Planche vernie. Après quoi il faut graver
dessus cette Planche les rehauts , & les faire fort
profondement creuser à l'eau forte : on peut faire
la même chose avec le Burin , & même plus facilement.

Or la plus grande difficulté que je trouve en ceci
est de trouver du papier & une huile qui ne fasse
point jaunir ni roussir le blanc ; le meilleur est de se
servir d'huile de noix très-blanche & tirée sans feu,
pnis la mettre dans deux vaisseaux de plomb & la
laisser au soleil tant qu'elle soit épaissie à proportion
de l'huile foible , dont nous allons parler , & pour
l'huile forte , on laissera l'un de ces vaisseaux bien
plus de tems au soleil.

Ensuite il faut avoir de beau blanc de plomb bien
net & l'ayant lavé & broyé extrêmement fin , le faire sécher , & en broyer avec de l'huile foible bien à
sec , & après l'allier avec de l'autre huile plus forte
& plus épaisse , comme on fait pour le noir. Puis
ayant imprimé de noir ou autre couleur sur du gros
papier gris la premiere Planche qui est gravée entierement, vous en laisserez secher l'impression pendant
dix ou douze jours ; alors ayant rendus ces Estampes humides , il faut encrer de ce blanc la Planche
où sont gravés les rehauts , de même façon qu'on

imprime, & l'effuyer à l'ordinaire, puis la pofer fur
la feuille de papier gris déja imprimée, enforte
qu'elle foit juftement placée dans le creux que la
premiere Planche y a faite, & prenant garde de ne
point la mettre à l'envers, ou le haut en bas. Etant
ainfi bien ajuftée, il ne s'agit plus que de la faire
paffer entre les rouleaux, comme on a dit pour
l'impreffion fur l'enluminûre.

Explication des chofes néceffaires pour Imprimer en Taille-douce. *Planche* 19.

Des Langes.

LEs langes doivent être d'un drap bien foulé &
fans apprêt : il y a des Imprimeurs curieux qui
ont auffi quelques langes d'une ferge fine à deux
envers, pour mettre tout d'abord fur la Planche,
enfuite fur celui-là deux ou trois autres communs.
Il faut que ces langes foient blancs, fans ourlet,
ni lifiere ; on en fait de deux ou trois grandeurs
fuivant la planche & le papier fur lequel on imprime. Et comme à force de les faire paffer fous le
rouleau, ils fe preffent & deviennent durs, ou trop
mouillés, on doit avoir foin de les étendre les foirs,
puis le matin avant que de s'en fervir, il faut les
tortiller & les froiffer en les chiffonnant, afin de les
rendre plus mollets. Il en faut auffi avoir de re-
change pour pouvoir les laver quand ils font trop
durs & trop chargés de la colle que le papier que
l'on imprime jette dedans, en paffant fous les rouleaux.

Des linges blancs de lessive.

IL faut être pourvû d'assez grande quantité de morceaux de vieux linge, à cause que l'on en employe beaucoup à faire ce qu'on appelle entre les Imprimeurs, des torchons qui servent à essuyer la Planche. Quand ils sont trop petits on en accouple plusieurs ensemble ; il en faut un pour essuyer en premier le plus gros du noir, ensuite un autre plus propre pour essuyer la main à mesure qu'on la passe sur la Planche pour ôter le reste du noir, comme on l'a dit ci-devant page 145. & suivantes.

Maniere de faire le tampon.

LE tampon o est fait de bon linge blanc, doux, & à demi usé, & ayant suffisamment de ce linge, vous le roulerez comme quand on roule une bande ou liziere, mais beaucoup plus fermement sans comparaison, car le plus ferme est le meilleur; vous en formerez comme une mollette de Peintre, semblable à la figure marqué o. Puis vous prendrez de bon fil en plusieurs doubles, & une maniere d'alêne, dont vous percerez le tampon tout au travers en différens endroits, & y passant le fil vous le coudrez fermement, desorte qu'il soit réduit à la grosseur de trois pouces de diamétre, & de cinq ou six pouces de hauteur, ou environ, puis vous le rognerez par un bout en le coupant nettement avec un coûteau bien tranchant, ainsi qu'une rouelle

d’un fauciſſon, & vous accommoderez & coude-
rez ſon autre bout, comme une demie boule, afin
de le pouvoir preſſer du creux de la main en l’em-
poignant, pour encrer fermement la Planche ſans
s’incommoder.

Qualité du Noir.

LE meilleur noir dont on ſe ſert pour imprimer
les Tailles-douces eſt le *noir d’Allemagne*,
il vient de Francfort ; ſa beauté & bonté eſt d’être
d’un œil & d’un noir de velours, & qu’en le froiſ-
ſant entre les doigts, il s’écraſe comme de fine craye
ou amidon crud ; le contrefait n’a point un ſi beau
noir, & au lieu de le ſentir doux entre les doigts,
il eſt rude & graveleux & uſe fort les Planches ; il
ſe fait de lie de vin brûlée. On en fabrique auſſi de
fort bon à Paris.

Vaiſſeau ou Marmite pour cuire & brûler l’huile.

IL faut avoir une marmite de fer aſſez grande,
accompagnée de ſon couvercle, qui doit être
fort épais & choiſi deſorte qu’il la couvre le plus
juſte qu’il ſe pourra, car cela eſt néceſſaire lorſque
l’on y mettra l’huile pour la brûler comme je vais
dire.

Qualité de l'huile de noix, & la maniere de la cuire ou brûler.

VOus prendrez de bonne & pure huile de noix & en mettrez une affez grande quantité dans la marmite ci-deffus décrite, mais de façon qu'il s'en faille plus de quatre ou cinq doigts qu'elle ne foit pleine, & la couvrirez de fon couvercle ; puis vous allumerez un affez bon feu & accrocherez la marmite à la cramailliere, & l'y laifferez tant que ladite huile ait bouilli, & il faut bien prendre garde qu'elle ne furmonte en commençant à bouillir, ni même en bouillant, car cela eft très-dangereux & capable de mettre le feu partout ; c'eft pourquoi il faut y avoir l'œil en la remuant fouvent avec des pincettes ou cuilliere de fer, & faire enforte qu'étant bien chaude le feu s'y mette doucement de lui-même, on peut auffi l'y mettre en jettant dedans un morceau de papier allumé lorfqu'elle eft chaude à ce point : alors il faut voyant le feu s'y être mis, ôter de la cramailliere ladite marmite & la ranger au coin de la cheminée, & remuer toûjours ladite huile pendant qu'elle brûle avec des pincettes ou grande cuilliere de fer ; & ce brûlement doit durer pour le moins une bonne demie heure & plus, pour faire la premiere huile que l'on nomme foible, en comparaifon de celle qu'il faudra faire enfuite, appellée huile forte ; & lorfque vous voudrez éteindre ce feu, vous n'avez qu'à pofer le couvercle fur votre marmite, & s'il la couvre jufte, le feu s'étouffera, finon il ne faut que jetter deffus quelque linge pour faire qu'il n'y ait point d'air ; alors vous

laiſſerez un peu refroidir ladite huile, puis la vuide-
rez dans quelque vaiſſeau propre à la contenir.

Cela fait vous remettrez dans ladite marmite encore de la même huile de noix cruë pour faire de
l'huile forte, & ferez tout de même qu'à la foible,
excepté que l'ayant miſe au coin de la cheminée, il
la faut laiſſer brûler bien plus de tems en la remuant
de tems en tems juſqu'à ce qu'elle ſoit devenuë fort
épaiſſe & gluante; deſorte qu'en ayant mis des gouttes ſur une aſſiete ou autre telle choſe, & étant refroidie, elle ſoit extrêmement gluante & filante
comme un ſirop très-fort : il y a des ouvriers qui
mettent bouillir avec l'huile un oignon ou une croû-
te de pain, afin de la dégraiſſer.

S'il arrivoit que le feu ſe fût trop violemment
pris dans ladite marmite, il faut jetter dedans la
moitié d'un demi-ſeptier d'huile de noix non brûlée ; & ſi vous craignez l'accident, au lieu de la
faire cuire dans la chambre, vous pourrez la faire
cuire dans une cour.

Il faut pour broyer le noir avoir un grand marbre, & une bonne groſſe molette.

Maniere de broyer le noir pour imprimer.

AVant que de broyer votre noir, il faut bien
nettoyer votre marbre & molette : alors vous
prendrez du noir ſelon ce que vous en voulez broyer,
par exemple, en ayant écraſé une demie livre aſſez
menu ſur ledit marbre, vous y mettrez à pluſieurs
fois un peu moins de la moitié ou environ d'un demi ſeptier d'huile foible, ſuivant le noir ; d'autant
qu'il y en a qui en mange ou en boit davantage, il

faut furtout prendre garde de mettre plûtôt moins d'huile que trop, c'eſt pourquoi en broyant il y en faut mettre de tems en tems afin de broyer le noir le plus ſec que l'on pourra : puis l'ayant broyé en gros avec ladite huile, vous le rangerez tout ſur un des coins de votre marbre, ou ſur quelque autre choſe, & en prendrez de tems en tems quelque por-tion que vous broyerez petit à petit, car d'en tant broyer à la fois l'on a de la peine de le rendre bien fin ; puis vous le mettrez auſſi d'un autre côté, & lorſque tout ſera ainſi bien broyé,il faudra l'étendre ſur le marbre, & comme en broyant y bien mêler parmi la groſſeur d'un petit œuf de poule on envi-ron d'huile forte ; puis le tout étant très-bien mê-lé & allié enſemble, vous le mettrez dans une écuel-le de terre plombée & le couvrirez d'un papier afin qu'il n'y aille point d'ordure : alors cette encre eſt toute prête pour imprimer & en encrer la Planche.

Il faut auſſi être averti, que pour des planches uſées, ou qui ne ſont pas gravées profond, il faut qu'il n'y ait pas tant d'huile forte dans le noir, & le tout à diſcrétion.

Surtout il faut que l'Imprimeur ſoit ſoigneux d'imprimer de bon noir & de le bien broyer ; car le noir étant rude, ou le bon mal broyé, outre que l'impreſſion n'en vaut rien, cela uſe & perd toutes les planches ; & auſſi que ſes huiles ſoient bien brûlées & faites en ſirop, d'autant qu'étant claires, le noir demeure dans les tailles des planches, & il n'y a que l'huile un peu noire qui marque ſur le pa-pier, ce qui ne vaut rien pour pluſieurs raiſons : au lieu que quand le noir eſt bien mêlé avec leſdi-tes bonnes huiles, il eſt ſi bien lié avec elles & elles avec lui, qu'il faut de néceſſité qu'ils demeurent enſemble ſur le papier.

Poële

Poële à contenir le feu de charbon avec son Gril dessus.

Vous devez avoir une poële s de fer ou fonte assez grande à cause de la grandeur que peuvent quelquefois avoir les Planches ; puis une maniere de Gril de fer quarré t, élevé sur quatre pieds de la hauteur de la poële, qui se met dessous ; ce gril sert pour soûtenir les Planches lorsqu'on les chauffe pour les encrer, & pour donner de l'air au feu de la poële crainte qu'il ne s'étouffe, & aussi pour la commodité des petites Planches.

Il ne faut pas que le feu qui est dedans la poële soit grand, mais médiocre, & couvert avec un peu de cendre chaude.

Maniere de tremper le Papier.

IL faut pour tremper le papier, avoir un grand cuvier de cuivre, en forme de quarré long, de la grandeur du papier nommé grand Aigle, ou un peu moins long, mais toujours aussi large que ce papier ; ce bacquet doit avoir des rebords de la hauteur de huit ou neuf pouces, & être à demi rempli d'eau claire & nette ; il faut avec cela deux forts ais ou planches barrées par le derriere, de la grandeur & largeur de la feuille dudit papier toute étenduë & déployée ; l'un desquels ais doit être barré par le derriere, afin que le papier étant dessus, vous puissiez pour l'enlever, passer vos doigts entre le-

L

dit ais & le lieu où il eſt poſé , & auſſi pour le repoſer aiſément en quelqu'autre.

Vous prendrez donc ainſi toutes étenduës avec
vos deux mains par deux de ſes côtés cinq ou ſix
feuilles de votre papier , & les paſſerez dans ladite
eau deux ou trois fois ſelon ſa force & colle d'un
côté & d'autre , uniement ſans leur donner de faux
plis ; puis les poſerez ainſi enſemble bien uniement
ſur un de vos ais du côté uni ; & ferez ainſi toûjours
de tout le papier que vous voulez tremper , en le
mettant ainſi mouillé toujours paquet ſur paquet ſur
ce premier ; puis vous mettrez le côté uni de votre
autre ais ſur ledit papier , enſorte qu'il ſoit tout en-
fermé entre leſdits deux ais : alors vous mettrez ſur
l'ais de deſſus quelque choſe de très-peſant afin de le
charger , & par ce moyen faire entrer l'eau dans ledit papier , & en faire ſortir ce qui eſt ſuperflu : il
faut le laiſſer ainſi chargé juſqu'à ce qu'on le veuille
imprimer.

Ledit papier ayant été ainſi trempé le ſoir , eſt
prêt le lendemain pour imprimer , & lorſqu'on en
a trempé plus qu'on n'en pouvoit imprimer , ce qui
reſte doit être remanié avec celui que l'on retrem-
pera le ſoir , & le lendemain il le faut prendre tout
le premier : le papier très-fort & bien collé doit
tremper davantage , & ainſi du foible & peu collé ,
moins ; ſurtout le papier qui doit ſervir à l'impreſſion des ouvrages gravés au Burin , doit être vieux
trempé.

L'Imprimeur eſt quelquefois obligé d'alunner ſon
papier , & pour cet effet il fait fondre de l'alun dans
de l'eau chaude, ou ſur le feu , & quand cette eau eſt
refroidie , il en trempe ſon papier, comme on vient
de dire.

Fin de la quatriéme & derniere Partie.

TABLE

DES MATIERES
Contenuës dans cet Ouvrage.

A.

B.

niere de l'aiguifer, 100. 101. Pour connoître fi fa pointe eft bien faite, 102. Façon de le tenir pour graver,
102. 103. Ce qu'il faut faire quand fa pointe fe caffe
trop fouvent, ou lorfqu'il s'émouffe, 104. Bouts de
Burins ufés font bons pour faire des pointes, 61.

Burin, reçoit beaucoup de mérite de l'eau forte, *Préface*, xxj. Il eft néceffaire dans la Gravûre en grand
pour retoucher & finir beaucoup de chofes qu'on lui
réferve à l'eau forte, 81. Il eft inutile dans la Gravûre en petit. Il ôte l'efprit & la légereté de l'eau forte.
On ne doit l'y employer qu'avec difcrétion. Il ne fert
que pour plaire aux yeux des gens qui n'ont aucune
connoiffance du Deffein, 84.

C.

C*Allot* (Jacques) Gentilhomme Lorrain; a gravé au
Vernis dur. Il a extrêmement perfectionné la Gravûre
en petit. *Avant-propos*, p. xv. Il a gravé de fort beaux
portraits en grand qui imitent parfaitement la propreté du Burin, *ibid*. Il pofoit fa planche fur un chevalet pour graver, 67.

Calquer, façon de calquer fon trait fur le Vernis, 19. 23.
57. 94. On en prend le trait fur du papier verni avec
de la fanguine. On calque enfuite ce trait fur la planche par le moyen d'un papier rougi par derriere, 58.

Camayeux, ce qu'on entend par ce terme. Leur origine.
Ils ont donné lieu à l'invention de l'Impreffion en
trois couleurs, 153. Maniere de les imiter. Il faut pour
y réuffir deux planches, l'une qu'on imprime en noir
ou autre couleur, l'autre en blanc, 154.

Caractere, maniere de donner du caractere aux chofes
qui en font fufceptibles, 85.

Carache (Auguftin) a fort bien deffiné les extrémités des
figures, comme têtes, pieds & mains, 98. A bien touché le payfage au Burin, 118.

Changement de goût dans la Gravûre depuis M. Boffe. Sur
quoi fondé, *Préface*, p. xix.

Chairs, doivent fe graver demi lozange. On ne doit point
y outrer le lozange, 71. Chairs d'hommes forts & mufclés doivent être ébauchées par des tailles plus lozanges que les chairs de femmes, 72. Quelques perfon-

G.

GIllot, excellent Graveur en petit, connu par ses fables & ses ornemens & autres ouvrages grotesques ; *sa pointe badinée & pittoresque est préférable aux ouvrages trop finis de Bern. Picart*, 85.

Goltzius (Henry) Graveur au Burin, a gravé avec beaucoup de facilité , 106.

Goût. Mauvais goût du siécle pour la Gravûre en petit , 85. 86.

Goutiere ou canal fait à un coin du rebord de cire qu'on met autour de la planche. On le fait pour verser plus commodément l'eau forte , 89.

Grattoirs & Brunissoirs nécessaires pour graver en taille-douce ; ils servent aussi pour la Gravûre en maniere noire , 121.

Graveur doit sçavoir bien dessiner , 97. Doit s'appliquer à dessiner long-tems des pieds , mains , & têtes d'après l'antique. Pour quelle raison , 98. Il doit beaucoup étudier d'après Raphaël , le Dominiquain , les Carraches , &c, 98. Il doit avoir assez d'intelligence pour distinguer en gravûre les couleurs claires qui se trouvent les unes proches des autres dans certains tableaux , 116.

Gravûre en général, ses différentes especes , son ancienneté , *Avant-propos* , p. xij. Quelle est la plus ancienne de celle à l'eau forte ou de celle au Burin. Perfection de la gravûre à l'eau forte ; différence de ces deux especes de gravûre , *Avant-propos* , p. xiij. Ce qui a engagé l'Auteur à écrire sur cet Art . *ibid.* p. xvij. Avantages de la gravûre à l'eau forte. En quoi consiste sa plus grande difficulté, *Préface*, p. xxjv. La gravûre est d'autant plus belle qu'elle paroît faite avec facilité , 107. C'est une façon de peindre ou dessiner avec des hachûres , 69. Elle paroît toûjours seche & dure en comparaison du Dessein ; *ibid.* Elle est une imitation de la nature , 79. Elle doit toujours être faite avec égalité & arrangement, même dans les choses les moins susceptibles de propreté. Elle est opposée au repos des masses par le blanc qui reste entre les tailles , 81.

M

R.

T.

V.

Fin de la Table des Matieres.

LIVRES SUR L'ARCHITECTURE
& les Mathématiques, imprimés chez le même Libraire.

ARchitecture Moderne, ou l'Art de bien bâtir pour toutes fortes de perfonnes : où l'on traite de la conftruction des Edifices ; de leur diftribution, depuis un emplacement de 15 pieds dans œuvre, jufqu'à un Palais de 30 toifes de face. De la maniere de faire des Devis ; du Toifé des Bâtimens ; & des Us & Coûtumes : le tout enrichi de 150 planches qui repréfentent les Plans, Elevations, & Coupes de 60 diftributions différentes : en deux vol. *in-quarto*, grand papier. 30 liv.

Suite dudit Ouvrage. De la Décoration extérieure & intérieure des Edifices Modernes, & de la Diftribution des Maifons de Plaifance, où l'on trouve tout ce qui a rapport au Jardinage, à la Sculpture, la Serrurie, la Menuiferie, & la Décoration des Appartemens de Parade. Par M. Blondel, Architecte : en deux volumes *in-quarto*, grand papier, enrichis de plus de 150 planches, & de plufieurs belles vignettes & culs-de-lampe.   42 l.

Nouveau Tarif du toifé de la Maçonnerie, tant fuperficiel que folide, où l'on trouve les calculs du toifé tout faits fans mettre la main à la plume, avec le toifé des Bâtimens fuivant les Us & Coûtumes de Paris, & le toifé du bout-avant. Ouvrage utile aux Architectes, Maçons, Entrepreneurs, Ingénieurs, &c. & aux Bourgeois qui font bâtir. *in-octavo.*   7 l.

Parallele de l'Architecture Antique avec la Moderne, fuivant les dix principaux Auteurs qui ont écrit fur les cinq Ordres. Derniere édition augmentée de piedeftaux pour chaque Ordre, fuivant les mémes Auteurs Par M. de Chambray, Architecte du Roi. Le difcours gravé, *in-folio*, 100 planches   12 l.

Maniere de deffiner les cinq Ordres d'Architecture, & toutes les parties qui en dépendent, fuivant l'Antique. Par M. Ab. Boffe, *in-fol.* en plus de 100 planches. 15 l.

'Architecture de Palladio, où l'on traite des cinq Ordres,
des Temples, des Bâtimens publics, des Ponts, des
Chemins, &c. traduit par J. Leoni, en deux volumes
in-folio, grand papier, enrichis de très-belles figures.
Imprimé à la Haye.   60 l.
'Architecture de Scamozzy, contenant les regles des cinq
Ordres, avec la Defcription de plufieurs beaux édifi-
ces, fuivant la maniere des Anciens, *in-folio*, enrichi
de quantité de figures. La Haye.   · 18 l.
Les Oeuvres d'Architecture d'Antoine le Pautre, Architecte du Roy, contenant la defcription de plufieurs
Châteaux, Eglifes, Portes de Ville, Fontaines, &c.
de l'invention de l'Auteur, *in-folio*, avec 60 planches.   15 l.
L'Art de bien bâtir. Par M. le Muet, Architecte du Roi,
in-folio, en 100 planches.   15 l.
Plans, Elevations & Profils du Palais Archiepifcopal de
la Ville de Bourges, du deffein de M. Bullet Architecte
du Roi, en huit feuilles gravées par Cl Lucas. 2 l 8 f.
Traité de Stereotomie contenant la Théorie & la pratique de la coupe des pierres & des bois. Par M. Frezier
Directeur des Fortifications de Bretagne, en trois volumes *in-quarto*, enrichis de 120 planches. *Strasbourg*.
                                              40 l. 10 f.
La Pratique du trait pour la coupe des pierres en l'Architecture, par M. Defargues, & mife en lumiere par Ab.
Boffe, *in-octavo*, enrichi de 117. planches.   6 l.
Architecture pratique, qui comprend le détail du toifé &
du devis des Ouvrages de Maçonnerie, Charpenterie,
Menuiferie, Serrurerie, &c. Par M. Bullet, Architecte
du Roi, *in-octavo*, figures. *Paris*.   5 l.
Traité de Perfpective pratique avec des remarques fur
l'Architecture. Par M. Courtonne Architecte du Roi,
in folio, avec beaucoup de figures.   12 l.
Traité de Perfpective théorique & pratique, tirée du
Cours de Mathématique de M. l'Abbé Deidier, *in-
quarto*, avec 15 planches, broché.   3 l. 10 f.
La Perfpective théorique & pratique où l'on enfeigne la
maniere de mettre toutes fortes d'objets en perfpective,
&c. Par M. Ozanam, *in-octavo*, avec 36. planches. 6 l.
Elémens généraux des parties des Mathématiques néceffaires à l'Artillerie & au Génie. Contenant les Elemens

de l'Arithmétique , de l'Algébre & de l'Analyſe : les
raiſons, proportions & progreſſions Arithmétiques &
Géométriques : les Logarithmes , les Elémens de la
Géométrie, de la Trigonometrie , du Nivellement , de
la Planimetrie , de la Stéréometrie , des Sections coni-
ques : le Toiſé de la Maçonnerie , & le Toiſé des Bois :
les Elemens de l'Arithmetique des Infinis , la Mécanique générale , la Statique , l'Hydroſtatique , l'Airomé-
trie & l'Hydraulique , avec un Traité de Perſpective.
Par M. l'Abbé Deidier, Profeſſeur Royal de Mathématiques aux Ecoles d'Artillerie de la Fere , en deux volumes *in-quarto* , avec 62. planches qui ſortent hors du
Livre.   24 l.
Traité de la Géométrie théorique & pratique , à l'uſage
des Gens d'Art. Par Sebaſtien le Clerc , Profeſſeur de
Géométrie & de Perſpective dans l'Academie Royale
de Peinture. Nouvelle édition , extrêmément bien exé-
cutée , & enrichie de 45 planches ornées de petits ſujets groteſques propres à deſſiner à la plume , *in octavo.*
On trouvera dans cet Ouvrage le précis des Elemens
d'Euclides , mis à la portée des Jeunes Gens ; le Toiſé
des ſuperficies & des ſolides , la doctrine des Triangles
par le calcul ; la maniere de lever les Plans , de dreſſer
les Cartes , & de faire les principales opérations de la
Géométrie ſur le terrein , avec la deſcription & l'uſage
des principaux inſtrumens qu'on y employe L'Auteur
s'eſt attaché ſur-tout à rendre cet Ouvrage clair & facile , en joignant la théorie à la pratique. Il a travaillé
principalement pour inſtruire les perſonnes dont la pro-
feſſion exige quelque connoiſſance de la Géométrie ,
comme les Ingénieurs , les Peintres , les Architectes ,
les Arpenteurs , &c. Dans cette intention , il s'eſt ren-
fermé dans les choſes d'uſage ou qui tendent à la pratique , & il les explique avec une netteté & une brié-
veté admirable On a ajoûté à cette Edition un Abregé
de la Vie de l'Auteur , & une ample Table des Matieres.   7 l.
Pratique de la Géométrie ſur le papier & ſur le terrein ,
où par une méthode courte & facile on peut en peu de
tems ſe perfectionner en cette ſcience. Par Seb. le Clerc,
in-douze , avec plus de 80 planches,   3 l.
Les Récréations Mathématiques & Phyſiques , où l'on

trouve plufieurs Problêmes curieux & utiles fur l'Arithmétique, la Géométrie, la Mécanique, l'Optique, la
Gnomonique, & la Phyfique ; avec un traité des Hor-
loges Elémentaires, des Lampes perpetuelles, & des
Phofphores naturels & artificiels, & la defcription des
Tours de Gibeciere & de Gobelets. Par M. Ozanam,
de l'Academie des Sciences, nouvelle édition en qua-
tre volumes *in-octavo*, avec plus de 120 planches. 20 l.
Ufage du Compas de proportion, avec un traité de la di-
vifion des Champs, par M. Ozanam, *in-octavo*. 2 l.
Les Elémens d'Euclide expliqués, avec l'ufage de chaque
propofition pour toutes les parties des Mathématiques.
Par le R. P. Defchalles, *in-douze*, avec 16 planches. 3 l.
Méthode facile pour arpenter & mefurer toutes fortes de
Superficies, avec le toifé des bois de charpente. Par M.
Ozanam, *in-douze*. 2. l. 10 f.
La Géométrie pratique, contenant la Trigonométrie, la
Longimétrie, la Planimétrie & la Stereométrie, avec
un traité de l'Arithmétique par Geométrie. Par le même,
in-douze, avec figures. 2 l. 10 f.
Méthode pour lever les Plans & les Cartes de Terre & de
Mer, avec inftrumens & fans Inftrumens, avec figures.
2 l.
Nouvelle Méthode pour apprendre le Deffein, où l'on
trouve les regles générales pour s'y perfectionner en
peu de tems ; enrichi de figures Académiques deffinées
d'après nature, *in-quarto*, enrichi de 120 planches 15 l.
Le Peintre converti aux regles de fon Art. Par Abr. Boffe,
in-octavo, *broché*. 1 l. 10 f.
Les Regles du Deffein & du Lavis, pour les Plans, Profils & Elevations des Edifices Militaires & Civils, &
pour les Cartes des environs d'une Place. Par M. Bu-
chotte, Ingénieur du Roi, nouvelle Edition, mife dans
un meilleur ordre que la précédente & augmentée du
double, avec un nouveau Supplément, *in-octavo*, enrichi de 24 planches, 5 liv.
De la maniere de Graver à l'Eau forte & au Burin, & de
la Gravûre en maniere noire, avec la façon de conftrui-
re les Preffes modernes, & d'imprimer en Taille-douce.
Par Abraham Boffe, Graveur du Roy ; nouvelle édition, revûe, corrigée & augmentée de plus de la moitié,
Par un habile Artifte, *in-octavo*, orné de Vignettes &
de 19 Planches. 6 l.

Secrets concernant les Arts & Métiers, où l'on trouve une infinité de secrets rares & éprouvés pour la gravûre, l'enluminûre, la mignature, la peinture, la dorure, & les bronzes : pour la fonte & transmutation des métaux ; diverses curiosités pour les encres, le vin, le vinaigre, les liqueurs, essences, sirops, gélées, confitures, pâtes ; nouvelle édition corrigée & augmentée considérablement, en deux volumes *in-douze*, *sous presse*.

Suite du même Ouvrage. Le Teinturier parfait, ou l'Art de teindre les soyes, laines, fils, chapeaux, plumes, l'os, l'yvoire, avec les drogues & ingrediens qu'on doit y employer, en deux volumes *in-douze.* 5 l.

L'Art de la Verrerie, où l'on apprend à préparer le verre, le cristal, l'émail ; à contrefaire les perles & les pierres précieuses : derniere édition augmentée, en deux volumes *in-douze*, avec figures. 5 l.

L'Art de tourner en perfection, ou de faire toutes sortes d'ouvrages au Tour. Par le R. P. Plumier, Minime, *in folio*, nouvelle édition, *sous presse.*

Recueil d'emblêmes, devises, médailles & de chiffres pour tous les noms imaginables, avec les suports & cimiers servans d'ornemens pour les armes. Par Nic. Verrien, Graveur du Roy, *in-octavo*, enrichi de plus de 250 planches. 6 l.

Principes du Dessein, ou méthode courte & facile pour apprendre cet Art en peu de tems. Par le fameux Gerard de Lairesse, *in-folio*, enrichi de 120 planches, *Amsterdam.* 24 l.

Entretiens sur les Sciences, où l'on apprend à s'en servir pour se rendre l'esprit juste & le cœur droit. Par le P. Lamy, *in-douze. Lyon.* 2 l. 10 s.

Nouveaux systêmes ou nouveaux plans de méthodes, qui marque une route certaine pour parvenir en peu de tems à la connoissance des Arts & des Sciences. Par M. de Vallange, en quatre volumes *in-douze.* 10 l.

Traité d'Horlogiographie, contenant diverses manieres de tracer des Cadrans. Par le Pere de la Madelaine dit le Feuillant, *in-octavo*, avec 72 planches. 3 l.

Elémens de Phyſique Mathématique confirmés par des ex-
périences, ou introduction à la Philoſophie de Newton,
à l'uſage des Etudians, traduit du Latin de M. s'Grave-
ſande, Recteur & Profeſſeur dans l'Univerſité de Leyde,
par M. Roland de Virlois, Profeſſeur de Mathématiques. En deux volumes *in-octavo*, enrichis de 50 plan-
ches.   12 l.
Principes du *Syſtême* des petits Tourbillons, ou abregé
de la Phyſique de feu M. l'Abbé de Moliere, miſe à la
portée de tout le monde, & appliquée aux Phenoménes
les plus généraux, avec une Diſſertation poſthume du
même Auteur. *in-douze* de 426. pages.   2 l. 10 ſ.
Méthode facile pour apprendre l'Hiſtoire de France par
demandes & réponſes, avec une idée générale des
Sciences, *in-douze*.   3 l.
Nouveau Voyage d'Italie, avec des Diſſertations criti-
ques. Par Miſſon, en trois volumes, *in-douze*, enrichis
de figures.   9 l.
Le Spectateur Anglois ou le Socrate Moderne, où l'on
voit le portrait naïf des mœurs de ce ſiécle, en ſix vo-
lumes *in-douze*.   15 l.
Lettres choiſies de M. Tyſſot de Patot, Profeſſeur en Philoſophie. en deux volumes *in-douze*. *La Haye*.   5 l.
Eloge de la folie, compoſé en forme de déclamation.
Par Eraſme, *in-octavo*. *Amſterdam*.   4 l.
Nouveau Recueil des Fables d'Eſope, miſés en François,
avec un Quatrain à la tête, & un ſens moral en quatre
Vers à la fin de chaque Fable, *in-douze*.   2 l. 10 ſ.
Recueil d'Eſtampes repréſentans les tourmens qu'on fai-
ſoit ſouffrir aux Martyrs durant les perſécution, en 45
planches gravées par Tempeſte, *in-quarto*, *broché*. 3 l.
La Vie d'Olivier Cromwel écrite par Gregoire Lety, en
en trois volumes *in-douze*.   7 l. 10 ſ.

De l'Imprimerie de J. CHARDON.

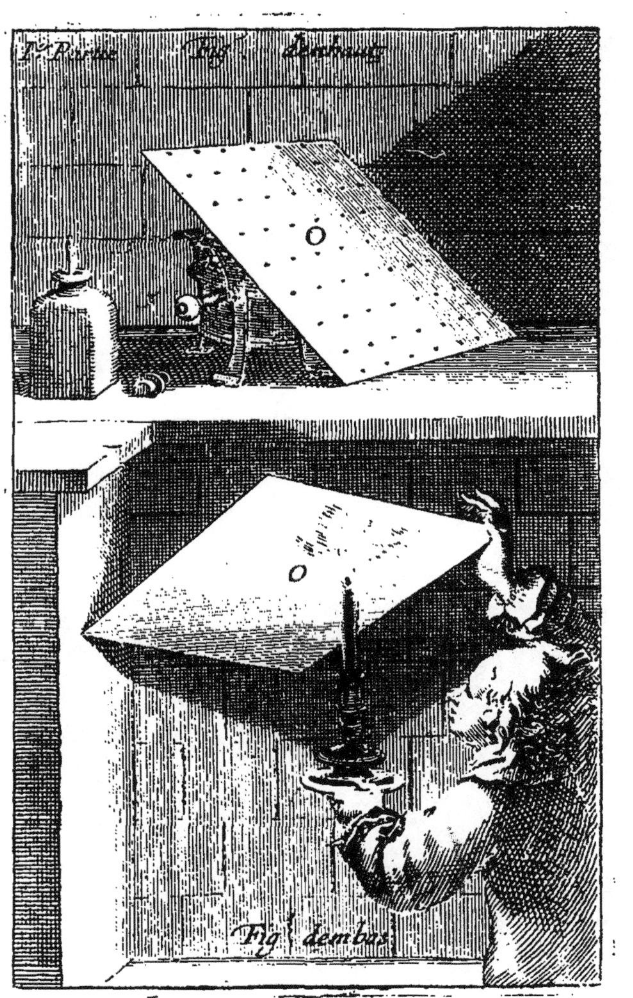

1.re Partie
Fig.
du haut
O
O
Fig. den bas

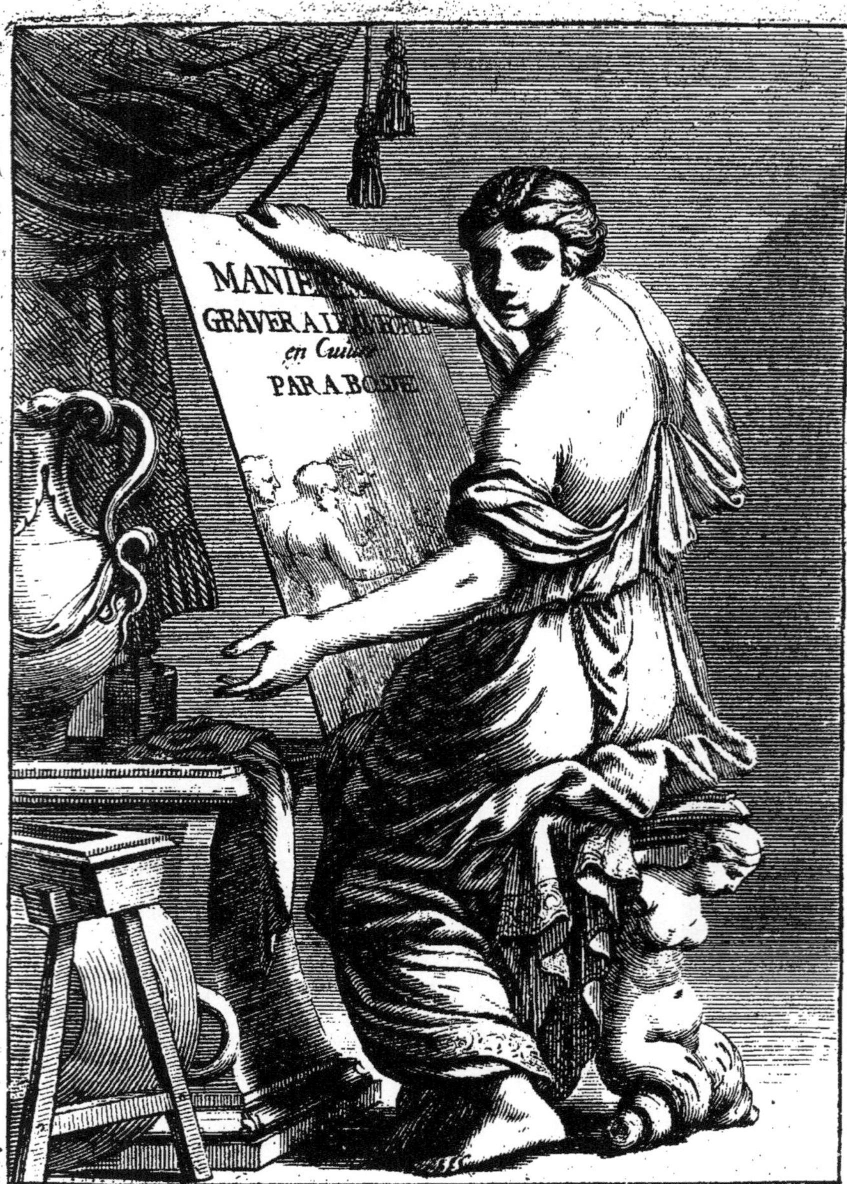
MANIERE
GRAVER A L'EAU FORTE
en Cuivre
PAR A. BOSSE

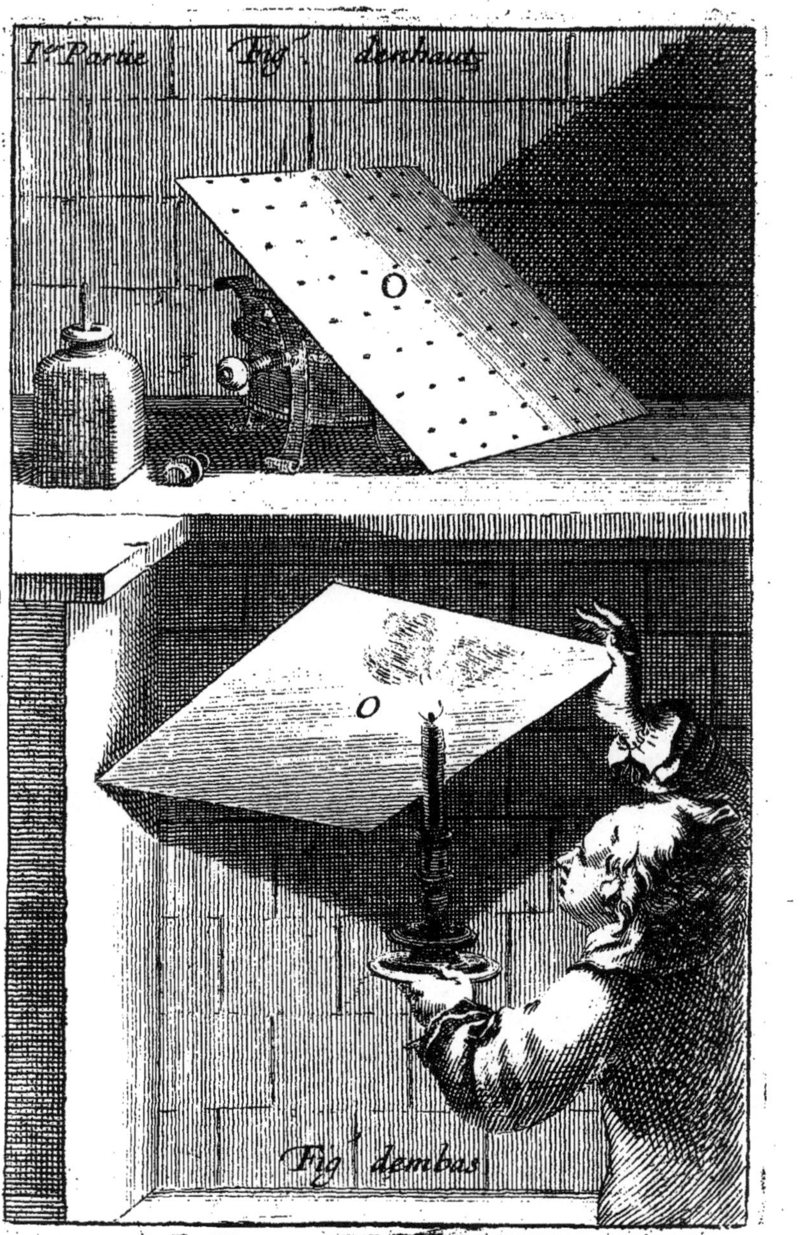

I.re Partie   Fig.   de dehaut
O
O
Fig. dembas

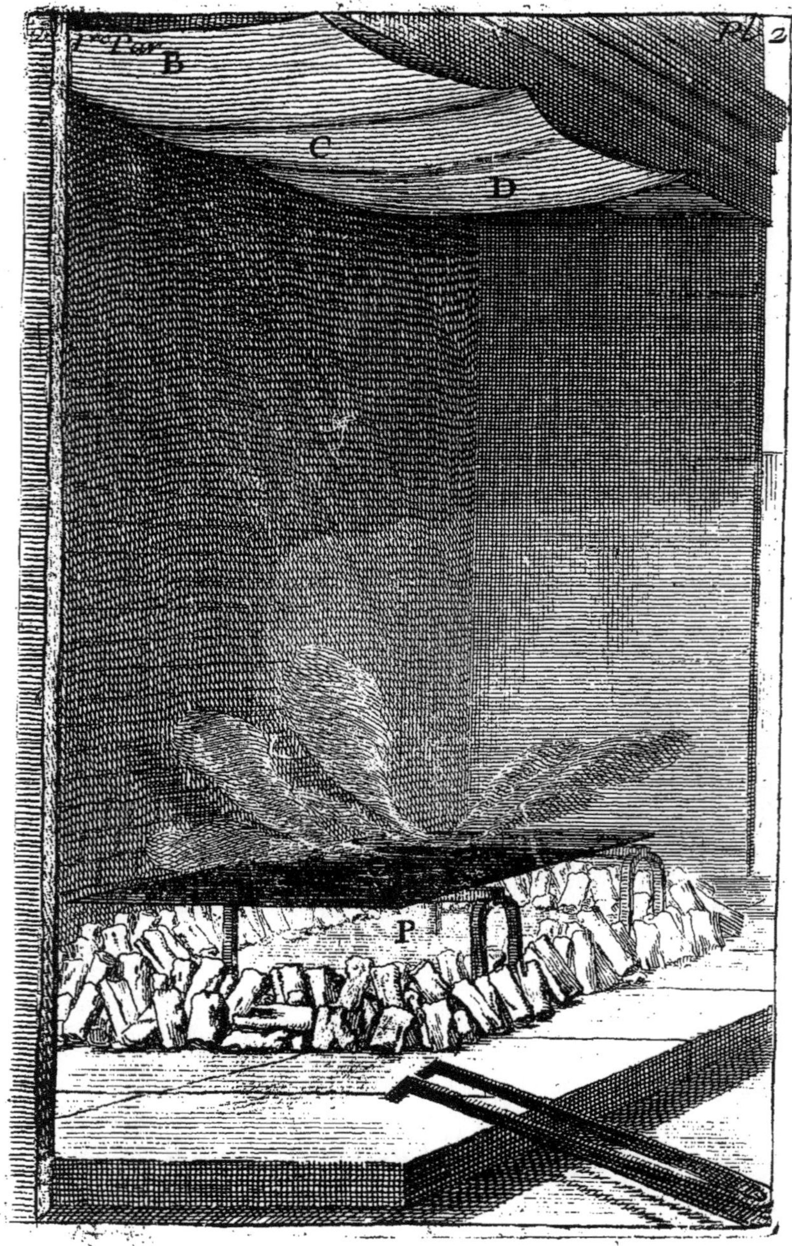

2.me Par.
Pl. 2
B
C
D
P

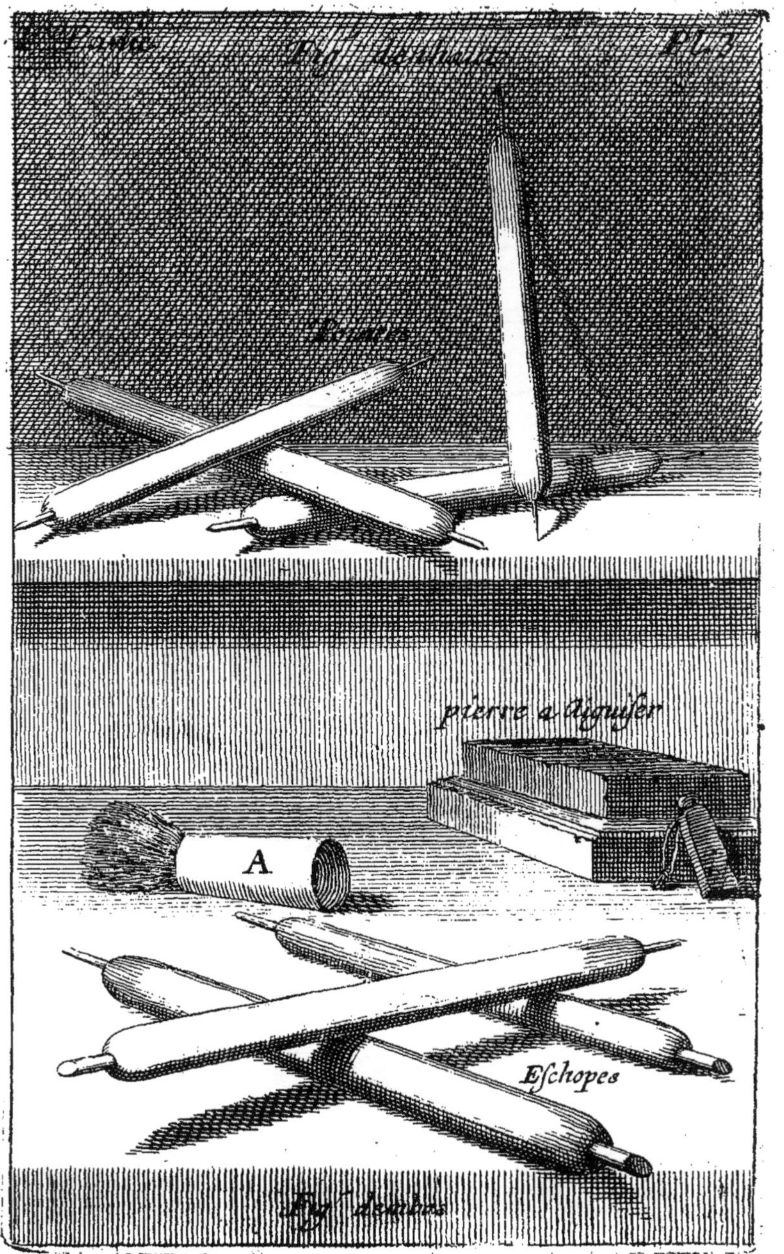

pierre a aiguiser
A
Eschopes

pour auec les points ſe les traits gros et deliés
ſuiuant les Occaſions

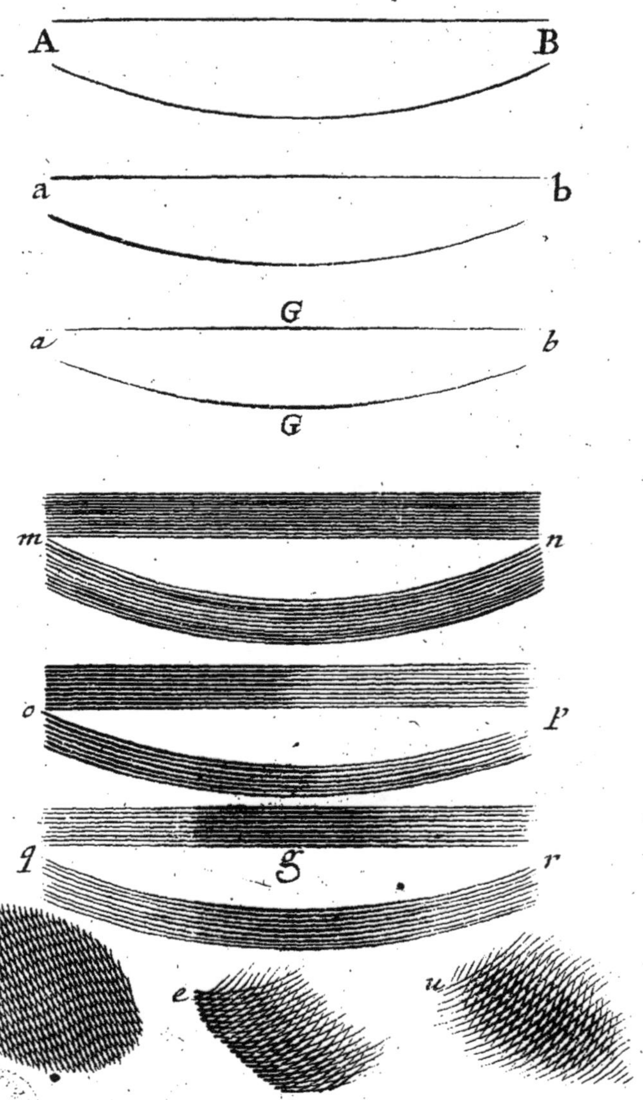

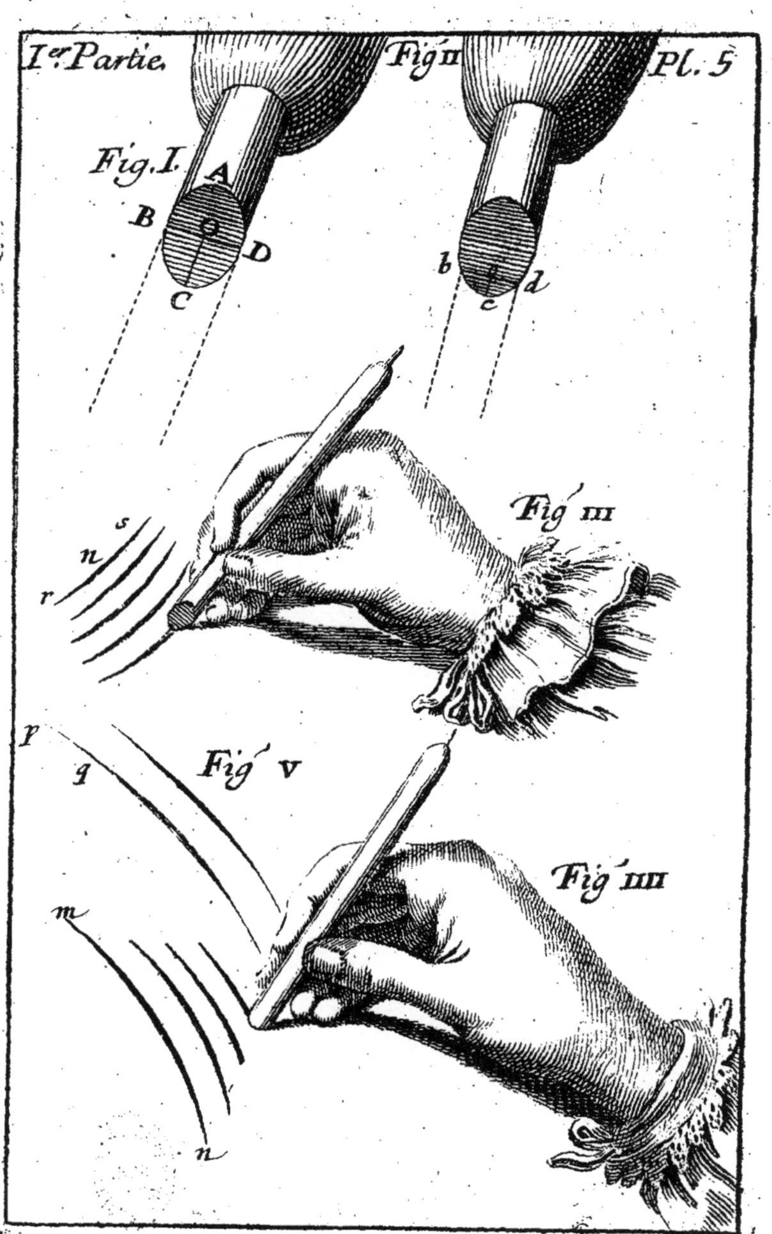

I.er Partie.
Fig II
Pl. 5
Fig. I.
A
B
D
C
b
d
c
Fig. III
s
n
r
p
q
Fig. V
m
n
Fig. IIII

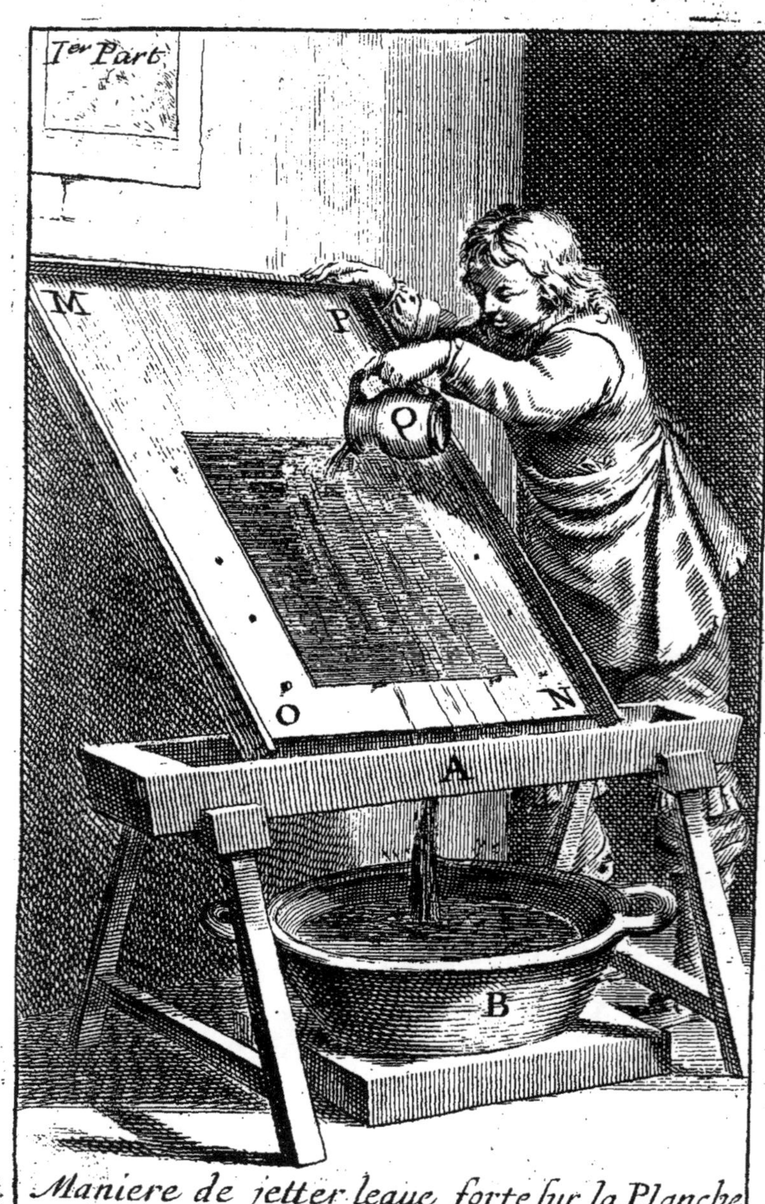

Maniere de jetter l'eaue forte sur la Planche

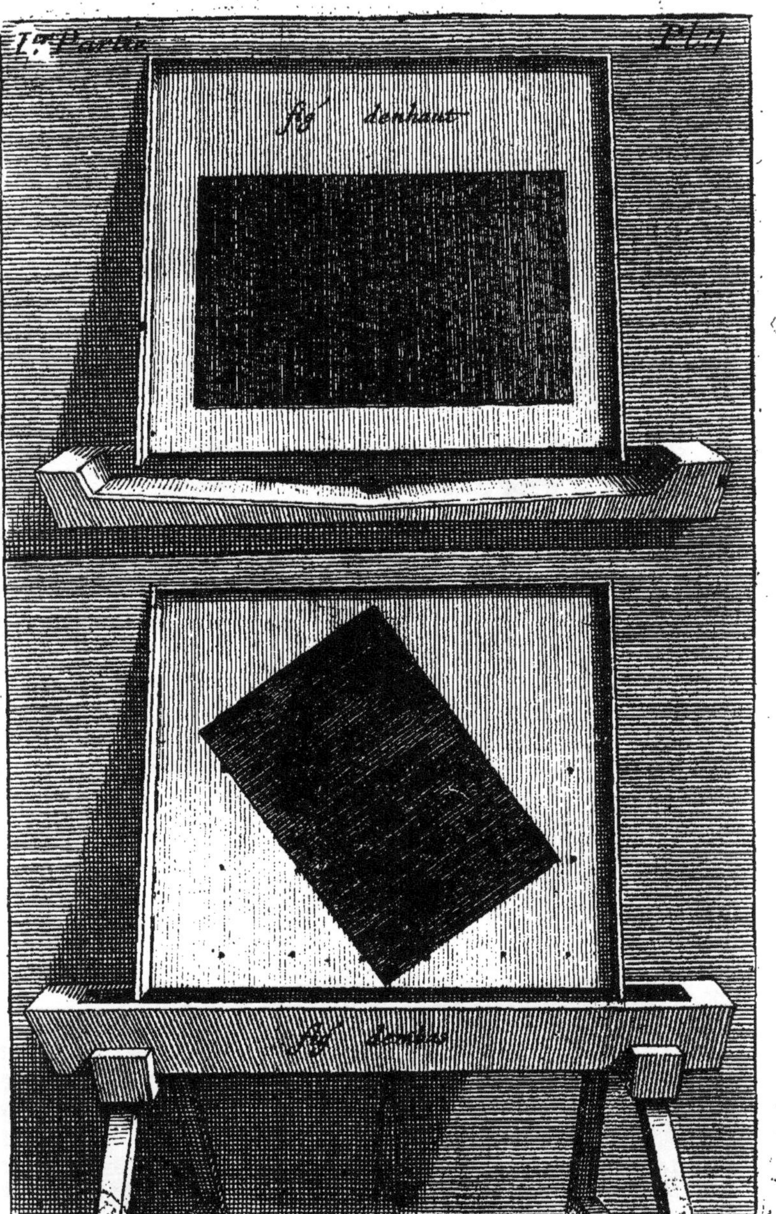
fig. denhaut
fig. denbas

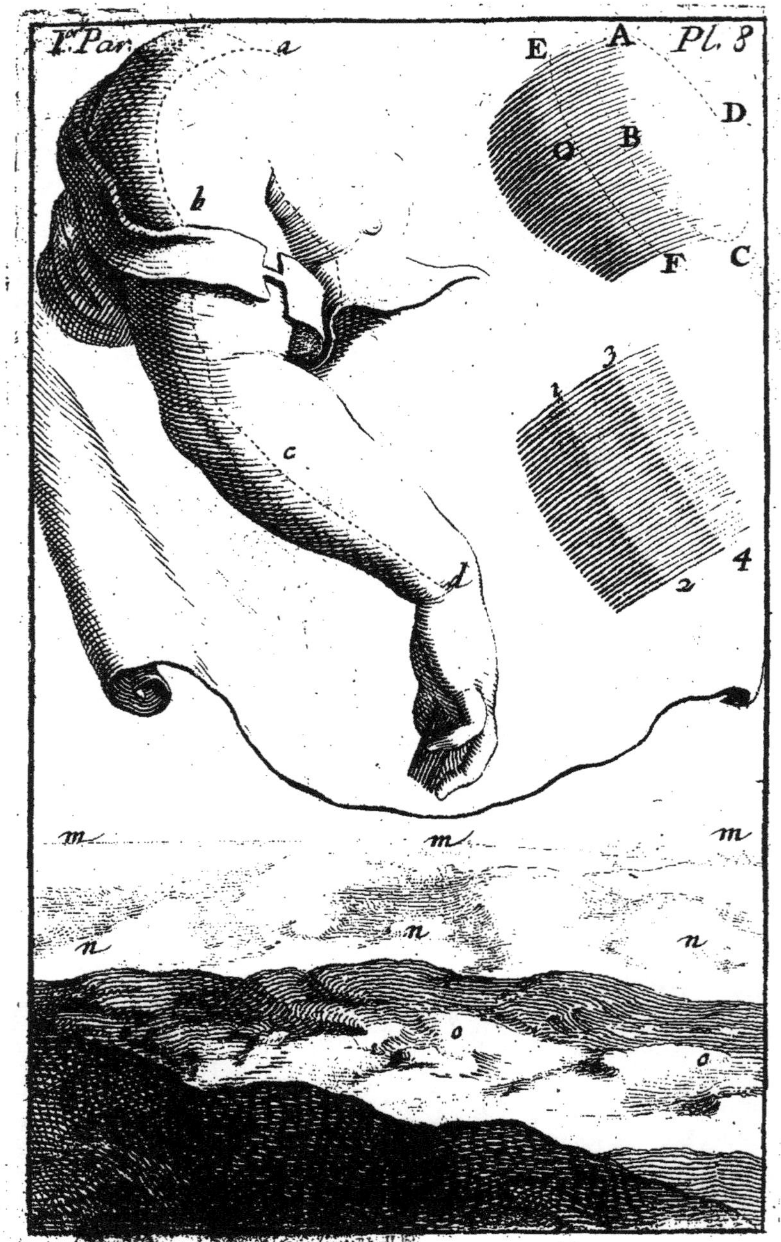

I.re Par.
Pl. 3
a
b
c
d
E
A
O
B
F
C
D
1
3
2
4
m
m
m
n
n
n
o
o

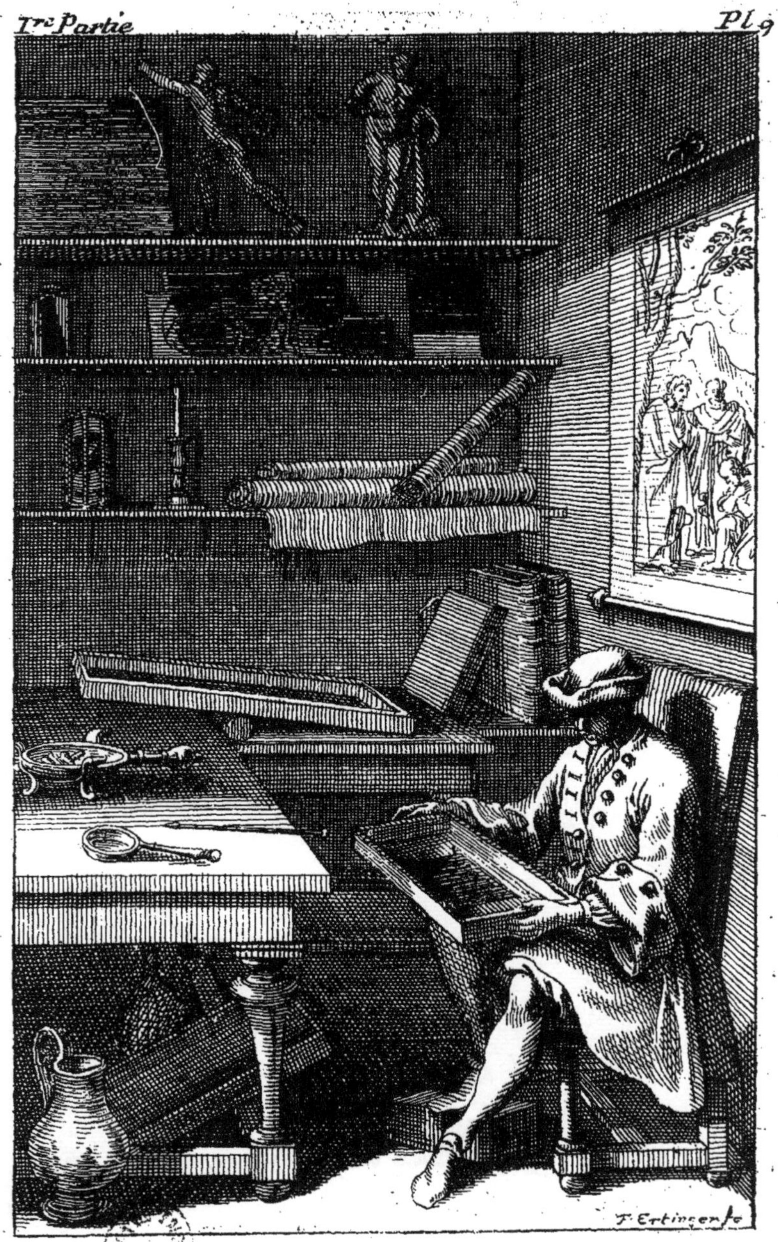
J. Ertinger fec.

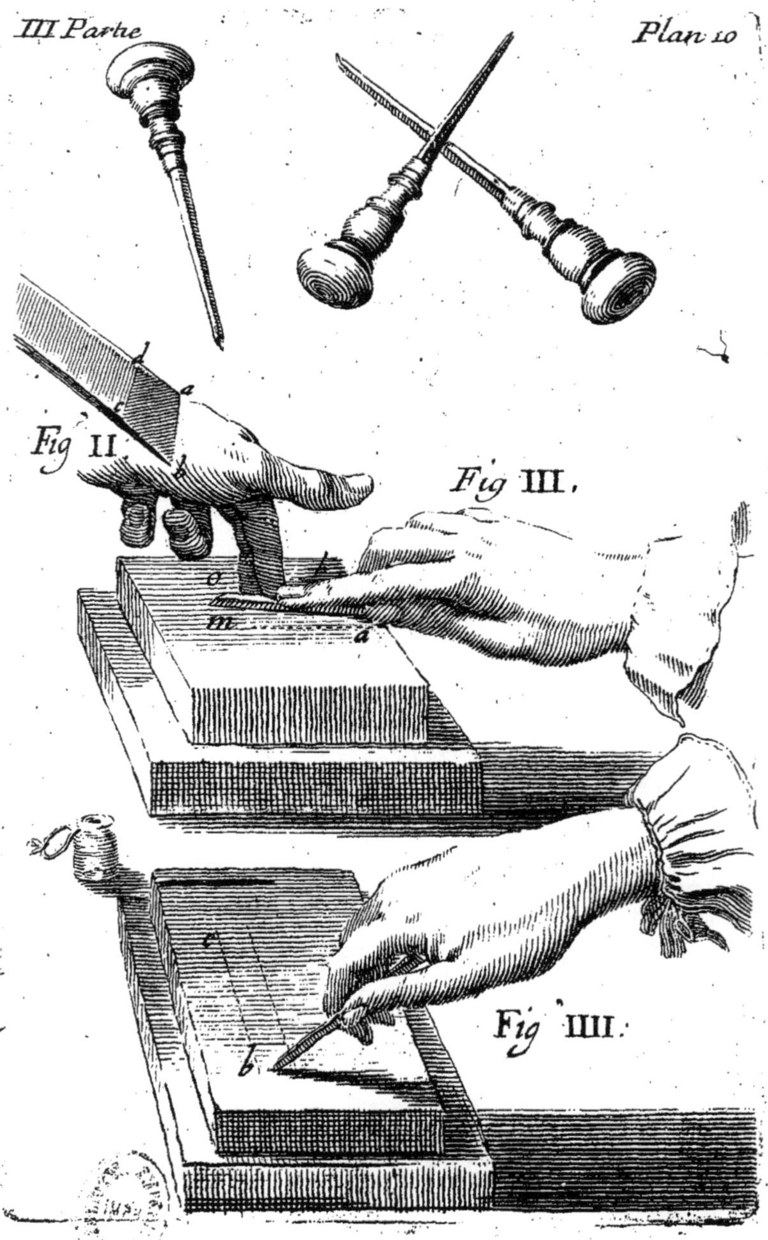

III Partie
Plan 10
Fig II
Fig III.
Fig IIII.

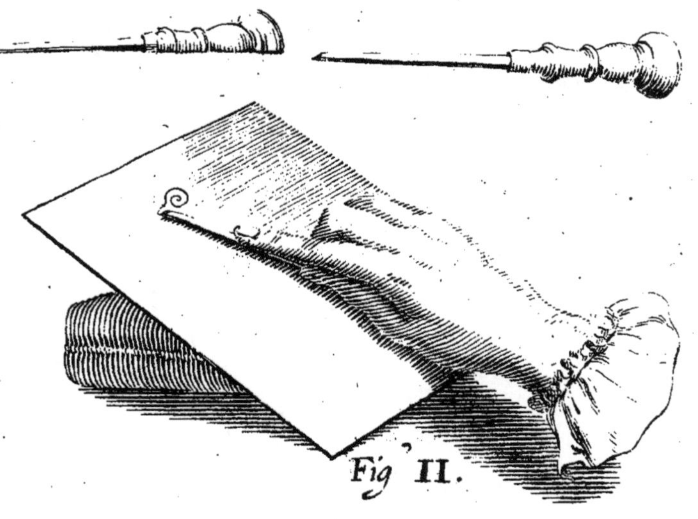

Fig. II.

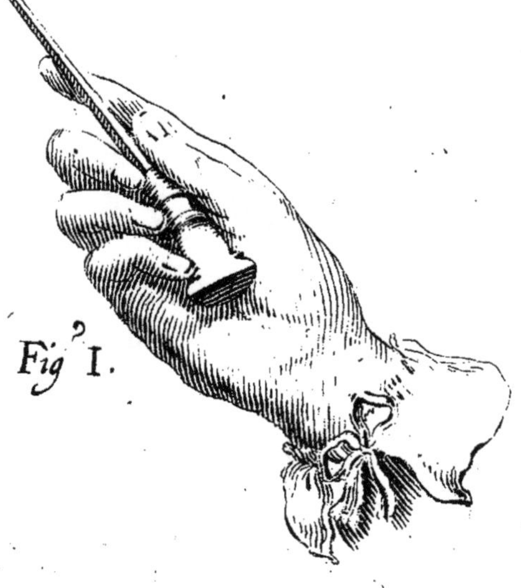

Fig. I.

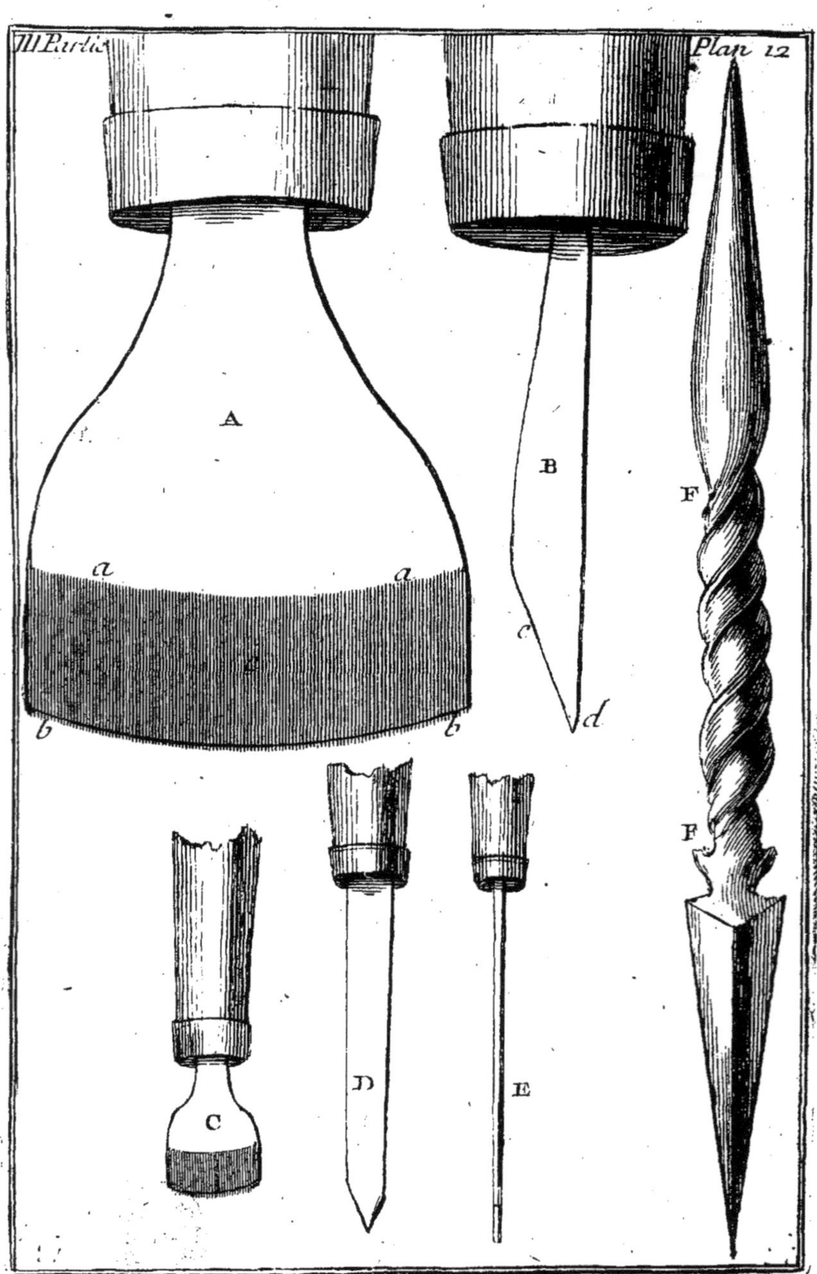
III.Partie
Plan 12
A
a
a
b
b
B
c
d
C
D
E
F
F

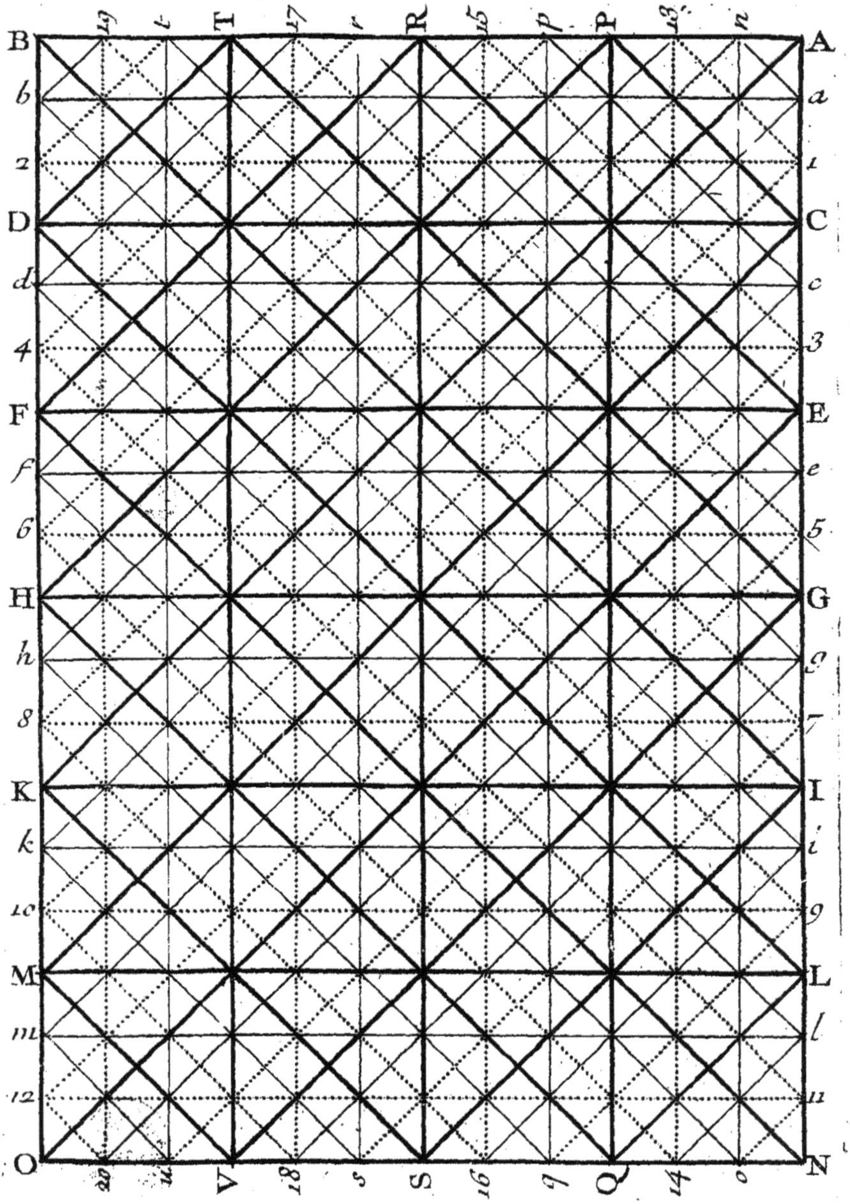
B
19
t
T
17
r
R
15
p
P
13
n
A
b
a
2
1
D
C
d
c
4
3
F
E
f
e
6
5
H
G
h
g
8
7
K
I
k
i
10
9
M
L
m
l
12
11
O
20
u
V
18
s
S
16
q
Q
14
o
N

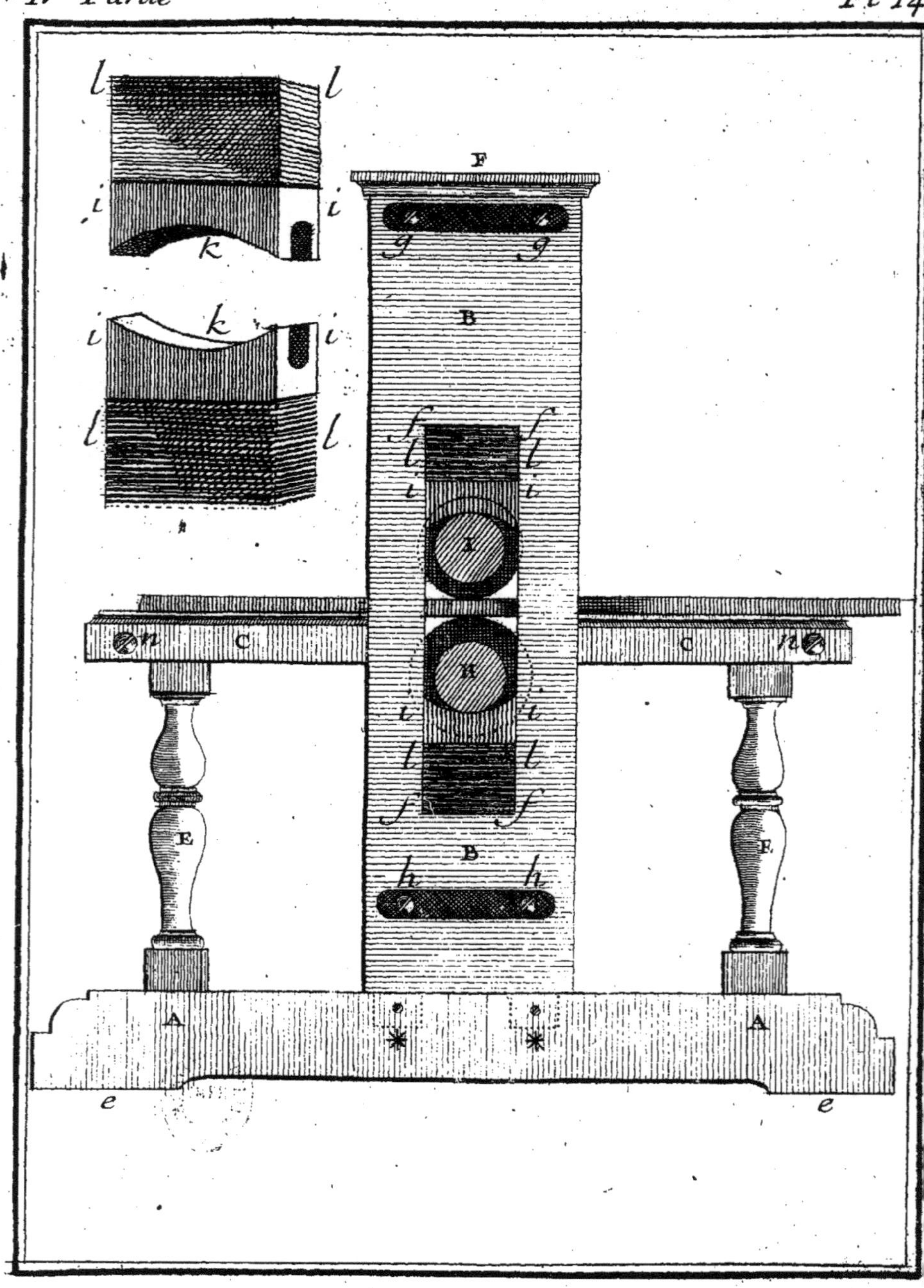

l l
i i
k
i k i
l l
F
g g
B
i i
l l
f f
i
l l
C n
n C
i i
l l
f f
h h
E
F
B
A A
e e

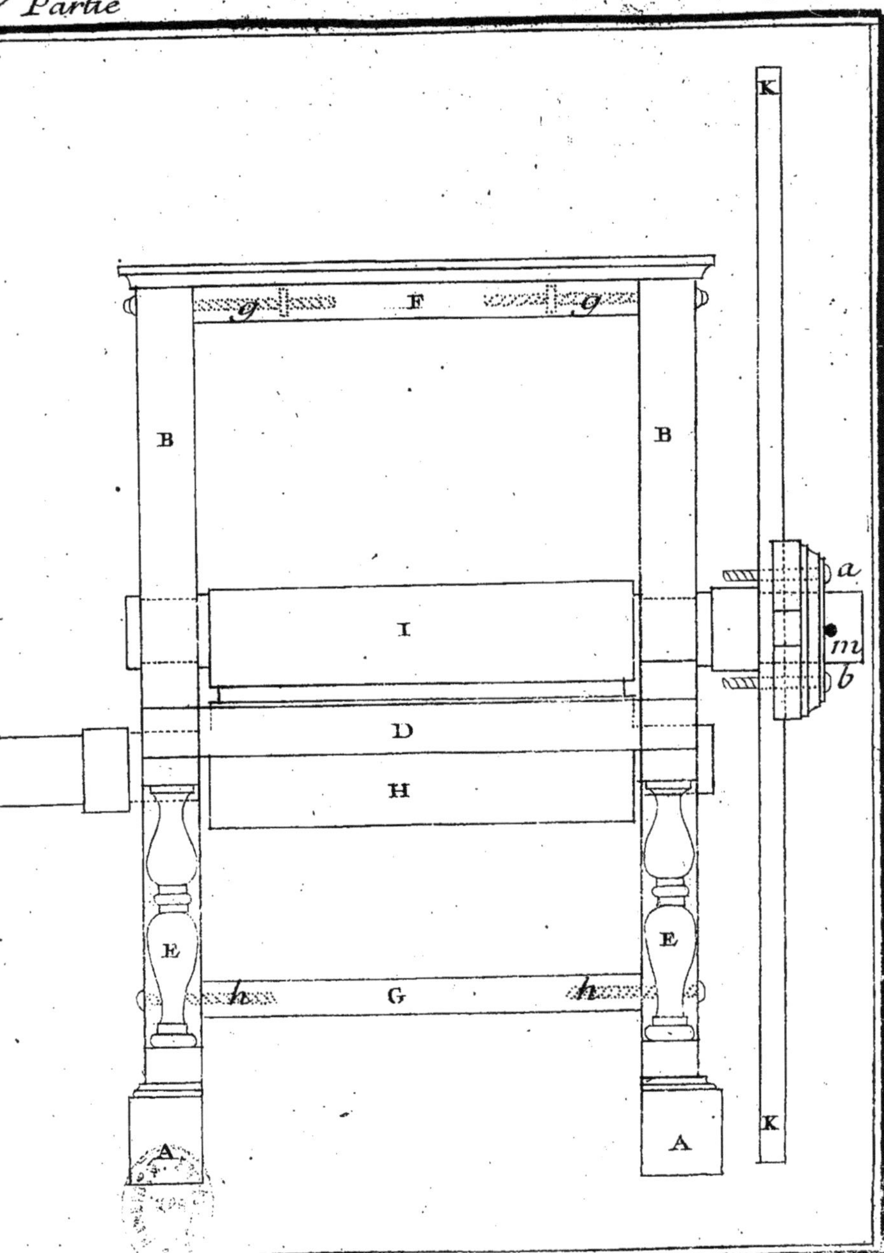
K
a
m
b
I
D
H
B
B
E
E
h
G
h
A
A
K

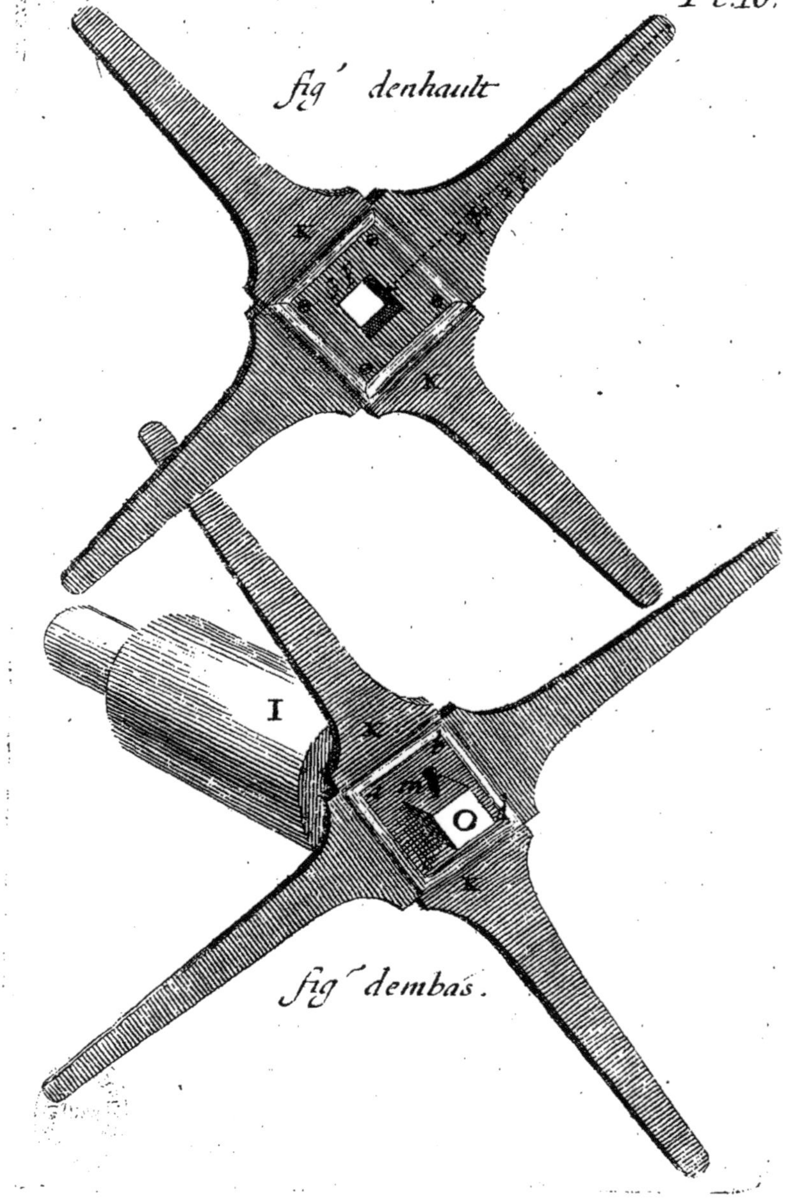

IV. Partic
Pl. 16.
fig.' denhault
I
O
fig.' dembas.

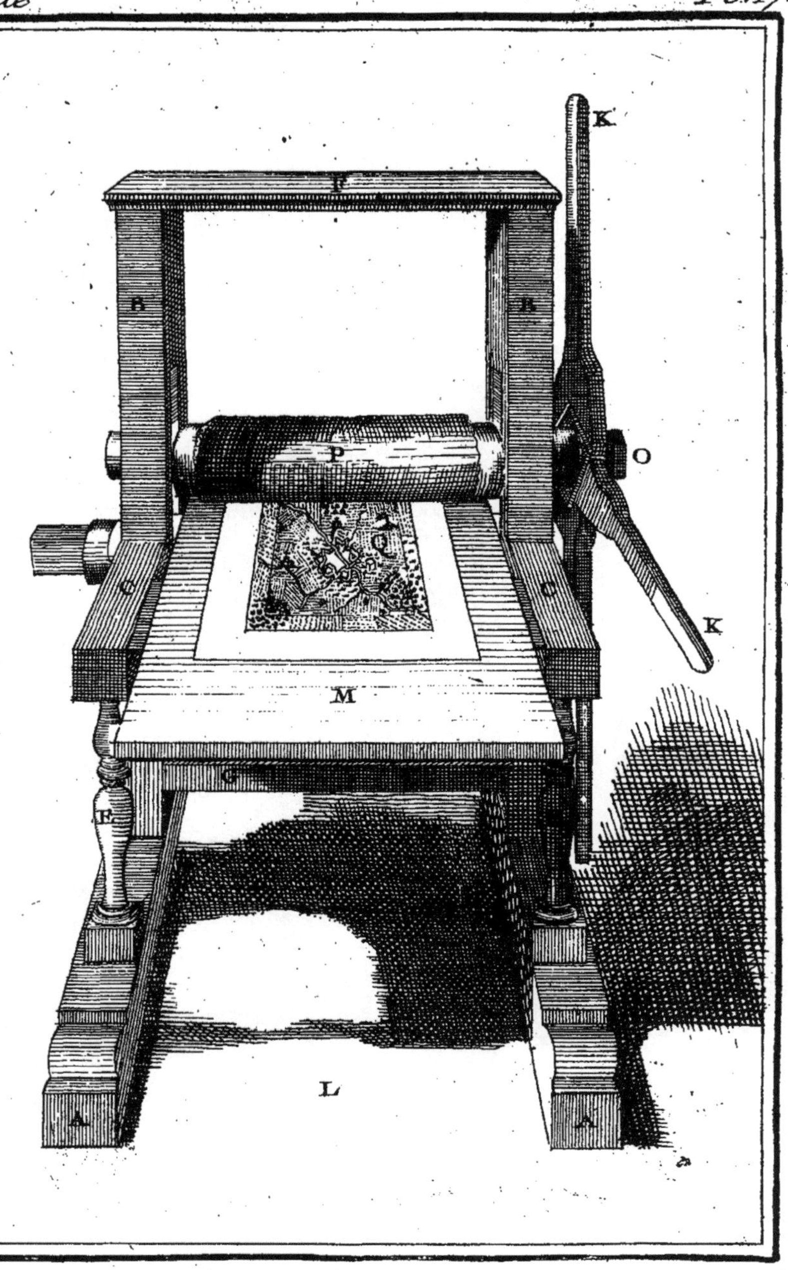
K
B
B
P
O
C
C
K
M
G
E
A
L
A

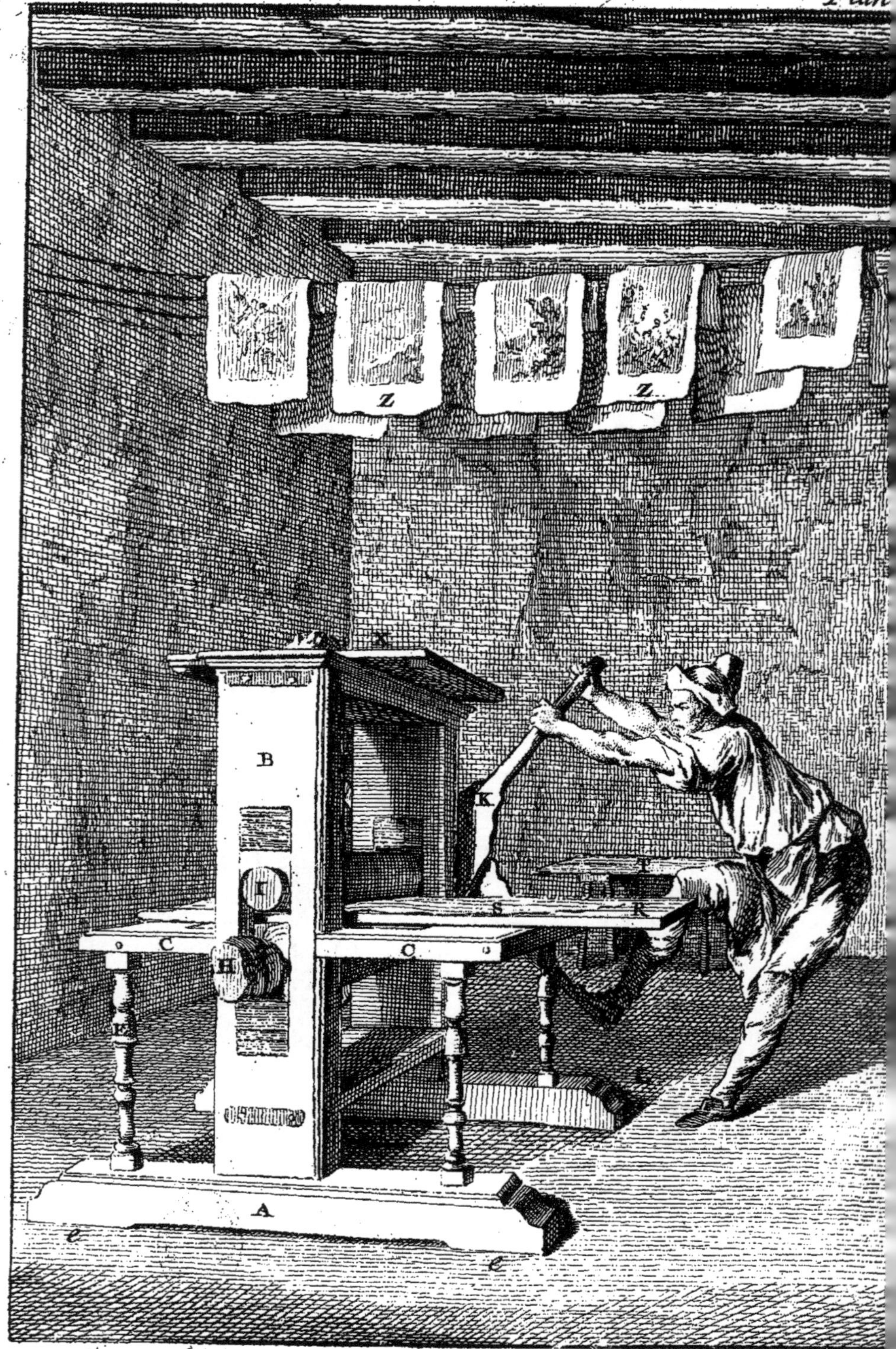

Z
Z
B
A
C
C
D
H
E
K
S
T
R
G. Gossard Sculp.

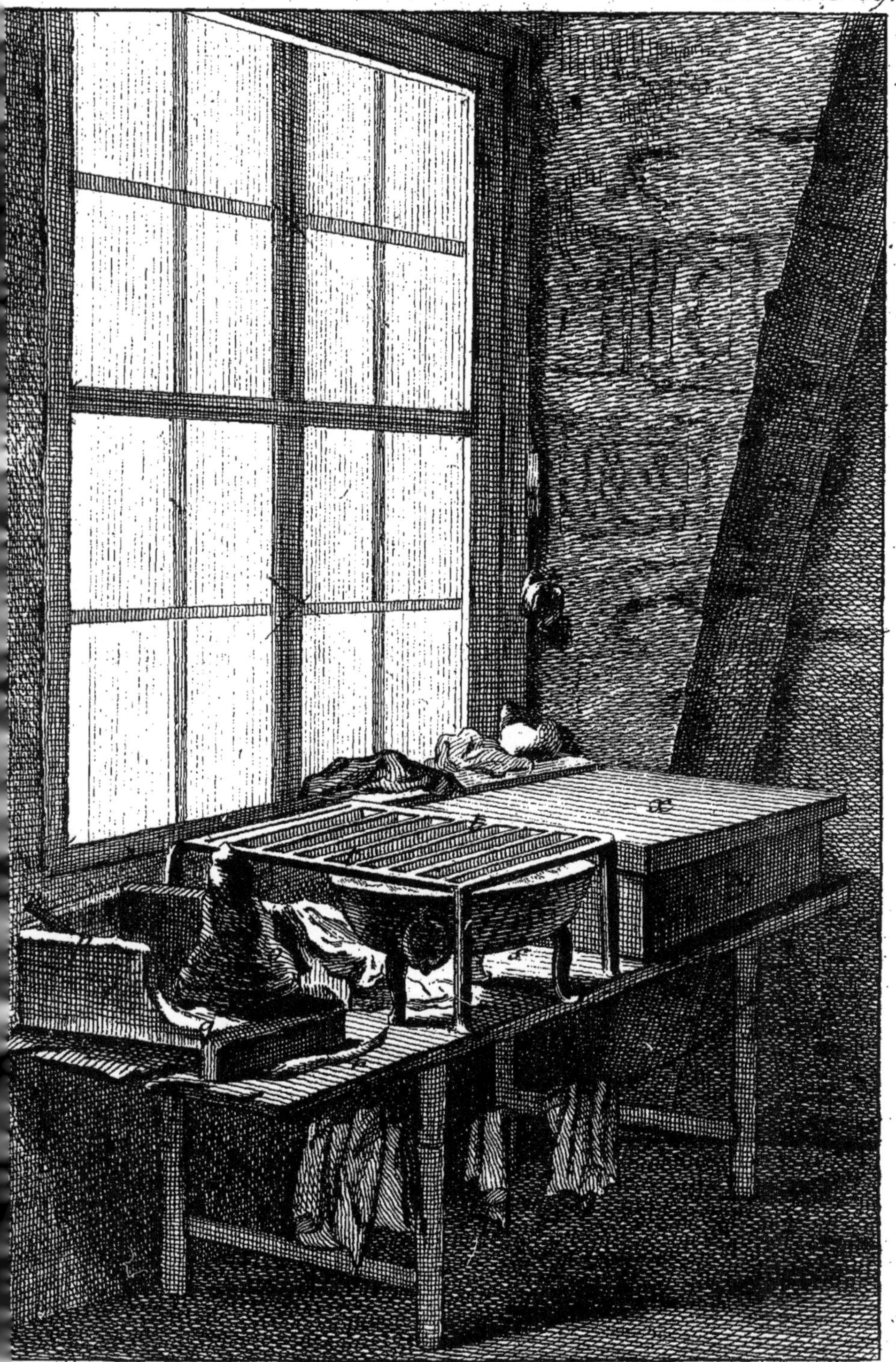

verité, que l'ancrier et le gril doivent être à droite, et la table à essuier à gauche